"研"磨计

给青年学者的17条建议

[加] 杰弗里·麦克唐纳 著
郝记华 霍婉菲 黄方 译

中国科学技术大学出版社

安徽省版权局著作权合同登记号:第 12222054 号

Navigating an Academic Career – A Brief Guide for PhD Students, Postdocs, and New Faculty by Jeffrey J. McDonnell, ISBN:9781119642107
Copyright ©2020 the American Geophysical Union
All Rights Reserved. This translation published under license. Authorized translation from the English language edition, Published by John Wiley & Sons. No part of this book may be reproduced in any form without the written permission of the original copyrights holder.
Simplified Chinese Translation Copyright©2022 by University of Science and Technology of China Press
简体中文版在世界范围内销售。

图书在版编目(CIP)数据

"研"磨计:给青年学者的17条建议/(加)杰弗里·麦克唐纳(Jeffrey J. McDonnell)著;郝记华,霍婉菲,黄方译.—合肥:中国科学技术大学出版社,2022.8
ISBN 978-7-312-05441-9

Ⅰ.研… Ⅱ.①杰… ②郝… ③霍… ④黄… Ⅲ.社会科学—文集 Ⅳ.C53

中国版本图书馆 CIP 数据核字(2022)第 083808 号

"研"磨计:给青年学者的17条建议
YAN MO JI: GEI QINGNIAN XUEZHE DE 17 TIAO JIANYI

出版	中国科学技术大学出版社 安徽省合肥市金寨路96号,230026 http://press.ustc.edu.cn https://zgkxjsdxcbs.tmall.com
印刷	合肥华苑印刷包装有限公司
发行	中国科学技术大学出版社
开本	880 mm×1230 mm 1/32
印张	5
字数	99千
版次	2022年8月第1版
印次	2022年8月第1次印刷
定价	50.00元

Jeffrey的这17条建议是他经几十年研磨，花甲之年才熬出的精髓，送给青年科研人员的一份"老鸡汤"，希望大家闲暇时品尝一下，至少在未来工作、生活中遇到困惑甚至挫折时，可以增加一些免疫力和抵抗力。

包信和

译 者 序

> 我们习惯称呼 Jeffrey 为 Jeff。

我认识 Jeff*并了解到这本书其实是很偶然的一个机会。2020 年下半年,我已经计划好结束美国的博士后合同,准备动身回国到母校中国科学技术大学工作。当时很偶然的一个机会,我了解到加拿大高等研究院(CIFAR)有一个全球学者奖,并且第一次设立了地球和行星科学相关的项目。在我的博士生导师们的强力支持下,我申请了这个项目并有幸获得。Jeff是项目的咨询委员,也是我们申请阶段的评委。由于我们的方向差别比较大,在随后的项目开展过程中,我们并没有进行深入的交流。不过,Jeff随后却给我的工作带来了巨大改变。

为了更好地培养年轻学者,CIFAR会组织很多锻炼领导力、培养表达能力等增强获奖者软实力的活动。还记得在某次以如何培养学生为主题的交流会上,我分享了一些自己及周围人遇到过的科研困境甚至不幸,也表达了对如何培养好自己第一批研究生的困惑。不料,活动结束后短短几分钟,我就收到Jeff这位学界"大牛"的邮件。Jeff十分慷慨地向我分享了 *Navigating an Academic Career — A Brief Guide for PhD Students, Postdocts, and Faculty* 的电子版。当天晚上,我打开它后就没办法停下来,并在"朋友圈"激动地"炫耀"了这本"秘籍"。这本书具体记述了博士及开展独立研究后会普遍面临的困境,并对如何规划好自己的科研道路提供了宝贵建议!当时,很多朋友私下找我要这本书。由于考虑到版权问题,我给Jeff发邮件,咨询他的意见。他非常客气地说感谢我将这本书送到很多有需要的中国同行手中。为了让更多人能从中受益,Jeff还欣然同意我在"化学星球"微信公众号上连载了部分章节。可以说,这本书在未经面市时,就已经帮助到了包括我在内的很多学生、学者。

也是在这本书的指导下,我开始审视自己的时间规划,培养每天黄金时间写文章、其他时间保持有计划地做事情的习惯。同时，内心怀着对Jeff极大感激，我也想利用空闲时间完成他的一个心愿——将这本书翻译成中文并出版。在无数个夜晚品读Jeff分享的故事时，我也会非常感激求学阶段遇到的良师益友们，尤其是我的博士导师Dimitri A. Sverjensky教授。Jeff身体力行感染并成就了很多自己的学生及学生的学生，其中的很多位已经成为国内水文学领域的佼佼者。未来，希望这本科研"秘籍"能够为更多漫漫求索路上的人们指引梦的方向。

郝记华

2022年5月于合肥

前　言

　　这本小书取自于我为《科学》杂志撰写的一系列有关"职业生涯"的文章。其中大部分内容源于我对自己职业生涯的反思，例如，面对职业生涯早期所犯的错误，如果我有魔力回到过去，我会对自己提出哪些建议。让我十分欣慰的是，过去30年里，我指导了大约75名研究生和博士后，并帮助他们踏上了科研之路,本书很多想法也来源于这些指导经历。

我的成长经历可能与很多人相似。我是家里第一个上大学的人。从读研究生到在大学任教,这一路没有什么家庭经验可供我参考,甚至我的家庭成员中都没有任何白领阶层的人。在任教初期,我感觉自己像个独自漂泊在异域的探险家。我在加拿大和新西兰拿的学位,却鬼使神差地在美国开始了职业生涯。我甚至连导师都没有。尽管我自认为最终结果还算不错,但我的经历可能比大多数人都曲折。这倒为我能在这本书里分享自己的故事提供了很多有用的参考素材。无论好坏,我摸爬滚打到现在,使得我更能理解他人的困境并同情他人。我也感觉自己是个非常幸运的人。一路走来,年长的同事们极度慷慨地向我释放各种善意,源源不断地滋养着我。在此,我希望通过分享自己职业生涯的各种点滴反思,来对在生活中获得的善意做一些回馈。

我希望大家能够在几个小时内读完这本小书。尽管书中大部分故事都发生在北美,但其中大部分案例及所讨论的内容可以适用全世界各地。在此,需要指出的是,本书并不是包罗万象的,例如,它并没有讲到教学、委员会服务、学术领域之外的职业发展或大学行政管理中的弯弯绕*。很多人比我更有资格讨论

★ 有些人曾经这么形容管理工作。我也觉得他们形容得很贴切。我曾经在某个行政岗位上工作了两年。这份工作不算轻松,基本上每天都是一个接着一个地开会。这份工作给了我切身的体会。两年的行政工作之后,我比任何时候都确信,学术界最理想的工作是做科研。

这些话题。对此,我在本书结尾处列出了一长串推荐书单,对这些话题感兴趣的人可以参考阅读。本书仅代表个人观点,带有我性别和国籍等先天因素带来的局限性◆。

本书旨在帮助读者克服学术生涯中遇到的困难。像许多优秀的水手一样,学生、博士后和新教职工都应该知道如何规划并掌握好自己的科研生涯。我并没有任何特殊资格来写这样一本书▶,只是像老水手一样,向大家分享一些随波逐流及偏离目标的教训。

我希望这些建议能对他人有所启发,并帮助他们发展自己的学术事业。

Jeffrey J. McDonnell

写于萨斯卡通(加拿大)和科瓦利斯(美国)

◆ 我没有亲身经历或专门研究过种族主义和性别歧视。多元化、包容性和隐形偏见是学术界面临的重大问题,但这些都不是本书的重点。在我主要参与的地球物理学会(AGU),我们曾经试图对隐形偏见进行了一些探讨,并且准备了一些新的指导性材料(https://eos.org/agu-news/getting-to-fair-recognizing-implicit-bias-and-easing-its-impact)。在我所在的部门,我也就这些悬而未决的问题进行了正面回复(https://sfg.agu.org/hydrology/wp-content/uploads/sites/19/2017/07/HS-July-2017-Newsletter_20170712_FINAL.pdf)。

▶ 我在读博之前做过教堂清洁工、医院洗碗工、钢琴和手风琴老师以及仓库收发员。读研究生时期,我做过寄宿学院的宿舍管理员。这个经历让我积累了一些如何与本科生打交道的经验,尽管我接触最多的是在周末喝醉酒的学生。

目　录

译者序 / i
前言 / v

第一部分　博士和博士后阶段

1　学术生涯 / 5
2　成功科学家的特征 / 11
3　避免成为一名焦虑的博士生 / 19
4　找到你的第一份学术工作 / 28
5　学术界的"马太效应" / 37

第二部分　教职初期的生存与发展

6　好莱坞模式的文章写作方法 / 47
7　完美的学院 / 52
8　现实世界的道德标准 / 61
9　个人学术标签 / 69

10 每日一小时写作 / 73

11 精心筹建一个强有力的研究团队 / 76

12 项目申报书写作技巧 / 80

第三部分 取得终身教职之后及其他

13 职业生涯中期指导 / 93

14 学术访问和爆发式学术产出 / 99

15 学术领导力 / 108

16 可持续的科研生涯 / 113

17 "奔六"的科学家 / 118

写在后面 / 127

致谢 / 131

注释 / 137

扩展阅读 / 139

第一部分
博士和博士后阶段

只做那些非你不可的事情。

——佚名

学术生涯

在本科阶段,我曾经在一个教授的实验室里实习过。在我当时看来,他是个没有任何生活可言的工作狂。学院里的其他教授也都和他差不多,这让我一直觉得科研工作没什么可让人向往的。现在,作为一名"奔六"的教授,我在想,我应该对当年的自己说些什么?为什么会走上科研这条路,以及为什么我至今仍乐此不疲?

我在本单位发起了每月一次博士后辅导会兼午餐聚餐的活动。以上所有的这些自我反思也都源自于在聚餐时进行的一系列讨论。有一些博士后坦率地问我:"这一切的努力值得吗?"就同我当年的想法一样,他们都在疑惑为何一个人可以如此执着地投身于科研。

我承认,当我试着劝别人在大学做科研时,我内心是有一丝愧疚的。但这个问题需要更加开放地来看待,多多观察,尽可能多地收集信息。

是什么促使大家决定走上科研之路?对于我们大部分人来说,答案是对科学的极大好奇与热忱。在取得硕士学位之后,我曾在咨询行业工作了一年。在那里,我非常讨厌各种死板的管理制度,并且觉得每天重复和琐碎的工作很无聊。在取得博士学位之后,我还曾在美国国家航空航天局(NASA)工作了一年。从各个角度来看,这都是一份令人振奋的工作。然而,我反感官僚主义作风,以及无法自由地选择研究题目。简而言之,我讨厌规矩,喜欢自由。

除了对科学的热爱外,对传统职场规则的反感,恐怕是大部分学者喜欢上学术研究的最普遍的原因。但是,选择学术研究的负面影响就是很难平衡工作和生活。我的日常状态可以说是"一直在工作,而且时间永远不够用",但我想稍微美化一下,自称为一个"热血工作狂"*。

当我有了孩子之后,情况则大变样。那时候,我的生活处于一种非此即彼的状态:在办公室全心工作或者在家里全心陪家人。现在,随着孩子们逐渐成年,我的工作和生活融合在了一起。但是,我和太太会试着在参会出差的行程中,顺带完成一些家庭的旅行计划。这在以前几乎是不可能的。那时候,出差一结束,我就得夹着包飞奔回家,尽父亲之责。

科研工作能够允许自由地选择研究课题和旅行目的地等,这种感觉让人着迷。我有一些在咨询行业工作的朋友,他们大部分人疲于完成各种任务,即便是在职业生涯晚期也仍然如此。反观,在学术界,这种生活大多是一种自我选择。能自由设定自己的工作进度是多么具有诱惑性。然而,在拿到教职后的最初几年里,

★ 我在这个领域称不上专家,但这篇文章(https://workingclassstudies.wordpress.com/2012/06/11/working-hard-or-hardly-working/)里提到的热血工作狂"因为工作有趣所以去做"很能引起我的共鸣。这篇文章以及其中的引文认为,相比于普通的工作狂,热血工作狂更少遇到"倦怠和可能的健康问题"。对于我来说,时间会给出答案!

学术工作和生活的界限会变得模糊不清。随着学术生涯的逐渐展开,这个界限才会逐渐清晰。在获得终身教授职位▲之前,工作与生活的平衡几乎无法实现。那些声称可以实现平衡的声音太具误导性,完全不属实。在获得助理教授职位后的头五年里我几乎每晚甚至每个周末都在工作。但是,总体而言,在三十年的职业生涯里,我可以证实科研人员确实可以最终实现工作与生活的平衡,从事科研可与许多拥有博士学位才能胜任的其他职业相媲美。

除了那些繁琐的教职工和委员会会议外,进行学术科研工作基本上是我实现自我价值的终极追求。一个由好奇心驱动的生活,也容易让人沉迷。即便你开始变老,实验室新来的博士生和博士后仍然年轻,他们会带来各种新奇的想法。和他们的思想不断碰撞出新的火花,是科研工作的一大重要收获。另外,享受你培养

▲ 以下简称终身教职。

出来的学生取得的各种学术成就,是对你辛苦工作的终极回报。我非常乐意参与一些会议和研讨会,欣慰于我培养出来的学生和博士后们在各自的研究领域成为佼佼者。

不过,如果科研职业的工作-生活平衡问题让你深感焦虑,你应该问问自己,你是否真的愿意在其他行业从事一份朝九晚五的工作。作为一名博士生,你注定可以在各行各业取得成就。就算是一份朝九晚五的工作,你也许会成为工会的领导,自愿组织策划一些职场活动,或者辛苦工作,然后升职加薪。在学术生涯的终点,退休就像一场永久性休假,至少我计划这么做。与在企业内做研发工作不同,在大学退休,学者可以永远保留名誉身份,一直从事喜欢的研究,直到最后那一刻。

学术工作绝不可能是朝九晚五的,它永远不会无事可做。而且,同急诊科医生、旅行社推销员或警察等其他职业一样,学术工作的时间要求和性质并不适合所有人。但这没有关系,因为除了学术道路之外,一个博士还有很多其他选择。

但本书并不会讨论其他行业。这里,我们希望揭开科研工作的神秘面纱。当你选择走上这条路时,意味着你甘愿承担其所带来的一切风险。

对于那些了解并愿意承担这些风险的人来说,选择走上学术道路通常都是非常值得的。所以,借用大卫·鲍伊的话来说,让我们现在就"转身直面那些新奇"吧!

不屈不挠、坚持不懈的精神是所有成功的科学家拥有的特质。
——威廉·伊恩·比德·莫尔贝费里奇
（William Ian Beardmore Beveridge）

2 成功科学家的特征

在我任职初期,我曾以为成为一名成功的科学家仅仅需要学术能力超群。我以为科学家就是一些智商精英。错!之后我渐渐意识到,软实力对于在学术生涯上取得成功是何等的重要。我曾见过有人在论文被选为《科学》杂志封面文章的当周,其终身教职的申请却被驳回的事情。我也曾见过无比聪慧的人却难在学院里立足。

如今,我两鬓微白,在担任过多个奖项评审委员会的主席,并结识了众多美国国家科学院院士、英国及加拿大皇家学会的会员之后,总结了成功科学家的共同特征和行为。这些特质既不神秘也不陌生。多少年来,比我更敏锐的观察者们早就对此进行了多次探讨。

以下是成功科学家们的行为特征。

知道什么是科学

卡尔·萨根(Carl Sagan)曾在晚年写道:"科学不仅是一种知识体系,更是一种思维方式。"他的意思是,对事物运作方式的好奇心驱使着我们大多数人。通过某种方式,最成功的科学家们会将好奇心内化,乐享其中,变成其内心独白。我最喜欢的对科学研究的定义是:"看到别人看到的东西,然后思考别人

★ "科研就是观察。"这句话出自阿尔伯特·森特·吉尔吉（Albert Szent-Györgyi）(https://en.wikipedia.org/wiki/Albert_Szent-Gy%C3%B6rgyi)。他最先提取出维生素 C。我喜欢这句话所传达的精神。我很敬重的"双料"诺贝尔奖获得者莱纳斯·鲍林（Linus Pauling）每天都要服用 4 克的维生素 C。有意思的是，鲍林是我任教过的俄勒冈州立大学的毕业生。

◆ WILSON E O. Letters to a young scientist[M]. New York: W. W. Norotn & Company, 2013. https://books.wwnorton.com/books/detail.aspx?ID=4294972234.

没有想到的东西。"这就是科学研究的全部。这些话有助于我们将科学思维融入到日常的观察和思考中。

知道成功方程式

作家托马斯·弗里德曼（Thomas Friedman）对此有一个方程式："$CQ+PQ>IQ$"，意思就是好奇心指数（Curiosity Quotient, CQ）加上热情指数（Passion Quotient, PQ）大于智力指数（Intelligence Quotient, IQ）。在观察本领域最成功的科学家时，我发现他们的激情和好奇心往往伴随着动力和韧性。弗里德曼所言与 E.O. 威尔逊（E.O. Wilson）写的《献给年轻科学家的信》中所述相似，即科学的成功不在于天分，而在于常识和探索之心。

有不屈不饶的精神

不屈不饶(Indominable)意为"不可能征服或击败"。★在威廉·伊恩·比尔德莫·贝弗里奇(William Ian Beardmore Beveridge)1950年所出版的经典著作《科学研究的艺术》中,他讨论了成功科学家的特征,并指出:"不屈不挠,坚持不懈,是所有成功科学家的特征。"◆

专注解决重要问题

在我所读过的关于科学研究的文章里,最有用的是理查德·汉明(Richard Hamming)所写的经典随笔《你和你的研究》:"如果你不致力于解决重要问题,就不可能有重要的成果。"▶我甚至想让新入学的研究生们把这句话文在身上。这句话的重要性,如今也绝不会减少,这句话

★ https://dictionary.cambridge.org/dictionary/english/indomitable.

◆ BEVERIDGE W I B. The art of scientific investigation[M]. New York: W. W. Norton & Company, 1950. (中文版:《科学研究的艺术》,陈捷译,科学出版社,1979年。)

▶ Hamming, R. (1986, March 7). You and your research. 原为1986年3月7日在贝尔通讯研究所举办的专题研讨会上的演讲稿,由贝尔通讯研究所的 J. F. 凯泽(Kaiser)整理发表。https://www.cs.virginia.edu/~robins/YouAndYourResearch.html

也不会过时！德国亥姆霍兹国家研究中心是德国最大的科研机构，年度预算超过40亿欧元，其理念是"解决科学、社会和工业面临的重大挑战"。他们着重强调"研究重大挑战"，而不是"研究只有我感兴趣的狭窄而晦涩的问题"。

腾出时间休息

我认识的学术界最成功的人都认识到休息的重要性。约100年前，美国著名金融家老摩根（J.P. Morgan Sr.）曾谈到休息的重要性："我可以每年工作9个月，但不能12个月。"这句话也许特别适用于只有9个月工资是学校支付的美国大学教师。早期评论作家在谈及如何从研究工作中抽身休息时，也经常说道："如果科学家坚持不懈地工作太长时间，新鲜感和创造力可能都会丧失……我们大多数人都需要休息和丰富多样的兴趣爱好，以避免变得乏味、古板和心智呆滞。"* 今天，我们可能会说："努力工作，尽情享乐。"这听起来有点陈词滥调，但说得太对了。我认识的优秀的科学家们在工作之余都有很多兴趣爱好：帆船、越野摩托车、打冰球、演奏、听音乐、摄影。记住那句古老的谚语：只用功不玩耍，聪明孩子也变傻！

★ MEDAWAR P B. Advice to a young scientist [M]. London: Harper & Row, 1980.（中文版：《对年轻科学家的忠告》，蒋效东译，南开大学出版社，1986年。）

有野心但别张扬

彼得·梅达瓦尔(Peter Medawar)在他的经典著作《对年轻科学家的忠告》中,将野心视为"完成事情的动力,不一定是致命的罪过,但野心过大肯定是种缺陷。"★知道界线在哪儿且不越界,才是关键。

幸运并心存感激

我们必须面对的事实是,一切成功都需要一点运气。有人可能会说,是我们造就了自己的运气。但我更喜欢罗伯特·弗兰克(Robert Frank)在他最近的著作《成功与运气:好运与精英社会的神话》中所说的:"无限的天赋和勤奋的工作也仍然需要一丝运气的成分。"◆我们通常会忽略那些使我们成功的微妙机缘。承认运气成分的存在会让我们更懂得感激,也有助于避免狂妄自大,后者是科研工作中真正致命的缺点。

★ MEDAWAR P B. Advice to a young scientist [M]. London: Harper & Row, 1980.(中文版:《对年轻科学家的忠告》,蒋效东译,南开大学出版社,1986年。)

◆ FRANK R H. Success and luck: good fortune and the myth of meritocracy [M]. Princeton: Princeton University Press, 2016: 187. (中文版:《成功与运气:好运与精英社会的神话》,张琪译,北京联合出版社,2017年。)

这里，我想借用我喜欢的作家之一法里德·扎卡里亚（Fareed Zakaria）的一段话作为本节的结尾。他总结得很精彩："如果您想在生活中取得成功，通常需要付出大量时间，养成良好的习惯，与他人融洽相处，并有那么一丝的幸运。"无论你是在学习英语、物理、历史、工程学还是商学，都是如此。

★ ZACHARIA F. In defense of a liberal education[M]. New York: W. W. Norton & Company, 2015.（中文版：《为人文教育辩护》，梁栋译，新星出版社，2015年。）

进步=痛苦+反思。

——瑞·达里奥（Ray Dalio）

3 避免成为一名焦虑的博士生

博士研究压力很大。博士生会经历不少危机时刻。我记得,当我还是博士生的时候,到了晚上根本不知道如何让大脑停止运转。由于一直思考工作和实验,我的睡眠质量变得很差。我连轴转地工作,根本没有其他活动来缓冲大脑,以致无法达到睡眠所需的平静状态。过了几个月,我意识到必须给自己放假,于是在周末便跑到新西兰的荒野里放松了一下。《研究政策》期刊最近调查了3659名博士生,发现超过50%的学生在就读博士期间曾有过精神健康问题。★这些大大小小的危机都是博士期间的常态,我们却很少去谈论这些危机。从各个层面来讲,知晓在就读博士期间会经历一次两次挫败,可以帮助学生在危机发生之前就做好心理准备。要知道情绪会有起有伏,在波涛汹涌的巨浪之后,必定是风平浪静。

导致博士生遇到危机的原因成千上万,难以在一篇文章内涵盖全,例如,有一位难相处的同事或学位委员会委员、与导师关系不融洽、有对未来不确定性的焦虑等。在很多时候,你的博士生项目包括2项独立的

★ LEVECQUE K, ANSEEL F, DE B A, et al. Work organization and mental health problems in PhD students[J]. Research Policy, 2017,46(4):868-879.(中文版《基于维奈和达贝尔内模式的"博士生工作组织和心理健康问题"翻译实践报告》由中国矿业大学一名硕士生翻译,作为其论文发表,论文分类号:H315.9。)

进程：一个是你的论文之旅，另一个是自我探索的个人成长之旅，即知道当承受着前所未有的压力时，自己精神上和情感上的极限在哪儿。

以下是针对你的学术之旅的一些减压建议：

知道完美是优秀的敌人

这句话是经常被引用的谚语，尤其适用于博士生在写开题报告或第一篇论文的时候。尽早扼杀完美主义的倾向，才是不惧评价地将你的报告交给导师的关键，并能保持快节奏前进。谨记这句格言："好的论文就是已经完成的论文。优秀的论文是已经发表的论文。完美的论文两者皆不是。"

别当忙碌的傻瓜

真正有效率的博士生都可以在专注与努力之间取得平衡。你已经被接纳进入博士之列，说明你的努力已经得到了认可，而之后的关键是如何聪明地工作。许多学生一直活在忙碌紧张的状态下，这反而妨碍了他们在工作中取得进展。解决这一问题的方法有很多，但我发现最好且简单的方法就是坚持写每日待办事项清单。但是，要想让你的任务清单真正变成你的行动指南，需要估算完成每个任务所需的时间，并对当日需完成的项目进行优先级排序。这样你才能一步一个脚印地走完博士这个长征之旅。

阅读

阅读包括略读、速读、深读。阅读至关重要。贝弗里奇（Beveridge）曾说："《世界科学期刊目录》汇总了超过50000多种期刊的索引。粗略计算一下，这相当于每年有200万篇文章，或者说每周有40000篇文章。这表明完全不可能完全了解哪怕是一小部分与自己的兴趣最相关的文献。"★ 他说这段话的时候是在1950年。想想吧，阅读从来不是什么全新的挑战。从1950年到现在，期刊和论文的数量呈指数级增长，使这种挑战难度进一步加大，但互联网的普及又使所有这些工作近在指尖。那么，应该如何阅读呢？弗朗西斯·培根（Francis Bacon）在18世纪就曾给过答案："读书时不

★ BEVERIDGE W I B. The art of scientific investigation[M]. New York: W. W. Norton & Company, 1950.（中文版：《科学研究的艺术》，陈捷译，科学出版社，1979年。）

可存心诘难作者,不可尽信书上所言,亦不可只为寻章摘句……而应推敲细思。"★

遵循"做点什么"的原则

大部分博士生都认为写作或创作是因为先有了灵感,灵感又催生了动力,最终导致了某种期望的行为,例如撰写论文中的某一章。而马克·曼森(Mark Manson)的"做点什么"的原则放弃了这个理论。他认为,任意一种行为都可以催生出灵感,进而导致动机的产生。★我自己就经历过无数次类似的情况,比如最近一次坐飞机从中国回家。我本来打算在飞机上写会儿论文。但当我登机之后,乘务员先是端来一杯饮料,又是送来一顿美餐,接着飞机上提供了一堆特别好看的电影。我本来告诫自己要写文章的,结果完全没了动力。后来,我打开电脑,试着改改下一次演讲需

★ 培根的散文原文:http://www.literaturepage.com/read/francis-bacon-essays.html。在这句话之后,他继续写道"阅读使人充实,会谈使人敏捷,写作使人精确。"当然了,我们现在应该用更中性化的人称代词。

★ MANSON M. The subtle art of not giving a fuck: a counterintuitive approach to living a good life[M].New York:HarperOne, 2016.(中文版:《重塑幸福:如何活成你想要的模样》,舒建广译,北京联合出版有限公司,2017年。)

要用到的幻灯片,慢慢就有了写文章的灵感。"做点什么"的原则起了效果。

要知道你需要很多想法才会有一个好的点子

谨记爱因斯坦的一句格言:"创造力比知识更重要。"但是你可能会问,创造力来源于哪儿? 答案是,每天去过的所有地方都可以。无论是在散步、骑车、健身房,还是在坐长途汽车的时候,你的脑海里会浮现出各种想法,要保持开放的态度来看待这些想法,它们都是待开采的宝藏。休闲阅读也会激发出一些想法,并帮助你思考它们之间的关联。这就是达尔文在他的回忆录中讲的:"独创性常常是将以前从未想过会有关联的想法关联起来。"★

★ DARWIN F. The life and letters of Charles Darwin, including an autobiographical chapter [M]. London: John Murray, 1887.(中文版:《达尔文生平及其书信集》,孟光裕等译,商务印书馆,1963年。)

以上就是我给你的建议,旨在让你的学术之旅变得轻松一些。以下是针对你个人成长之旅的减压建议:

坚定必胜信念

这种冰箱贴式的励志鸡血文,可以帮你抵制消极念头。在大脑里将各种任务具体化,包括你的论义、人际关系和生活,越具体越好。不过别忘了,我拿的博士学位是水文学,可不是心理学,因此这些只是我的个人经验而不是临床经验!

有个后备计划

有个应急方案、后备计划或者B计划,都会让人感到安慰和有用。对于我来说,接过我父亲的"衣钵"成为一名警察,就是我的B计划。这给了我一丝慰藉,因为我知道即便一切都失败了,一切都结束了,我至少还有个去处。

找到关机的办法

当我还是个学生的时候,有时候真觉得"压力山大"。到了晚上根本没有办法让脑了安静下来,睁开眼就无时不刻地不在想着我的研究。这时的压力来自于我要按时完成博士学位,才能开始下一份工作。我知道,如今的博士生们压力更大。数字化时代使得大家可以保持7×24小时在线,因此大脑一直高速运转。去健身房或者干点其他能让你放松下来的事情吧!对我来说,最行之有效的一个小技巧就是,在入睡前写下一份详细的"待办事项清单"。这让我可以把在脑子里飞驰的想法"掏"出来,记在纸上。每晚入睡前如此一个微小的举动,就让我不再通宵思考下一步的工作计划,因为我知道它们都妥妥地列在纸上,等着我第二天醒来再处理。这是一个非常简单的策略,但是对我来说,太有帮助了。

让自己沉浸在当下所做事情的幸福中

知道并感激你是如何幸运地才能做你现在从事的事情,是一种减压的方式。这里可以参阅上一篇文章——"成功科学家的特性"。你的内心独白是对你精神状态最好的暗示。需要不断自省你的内心独白,适当调整到对自己现状心存感激的状态,而不是不断地自我否定。

拥有强大的价值观

大学在筛选助理教授候选人的时候,一个关键的标准就是品德。这里可以参阅本书第8篇文章。你需要牢记拉尔夫·沃尔多·爱默生(Ralph Waldo Emerson)的一句格言:"播种思想,收获行为;播种行为,收获习惯;播种习惯,收获性格;播种性格,收获命运。"* 这真的是一句金句良言。我的母亲是位虔诚的基督教徒。她向来喜欢说话一针见血,总是说:"通往地

★ 这句话通常被认为是爱默生说的,但实际上很有可能来自《圣经》。https://en.wikipedia.org/wiki/Charles_Reade.

狱的道路是用善意铺成的。"意思就是说,不要懈怠,不要拖延。无论你的价值观是什么,冒险、成就抑或是回报,利用它们来帮助你在攻读博士学位的过程中保持平衡的心态。

学会如何面对批评

这个很难。还记得我曾急切盼望着从一位当地知名的土壤物理学家那得到我论文中一个章节的反馈。当终于拿到反馈的时候,我发现我的论文纸上铺天盖地都是红色(红笔笔迹;这是在电脑时代之前)。我当即心里就变得五味杂陈,对这位土壤物理学家的做法又憎恨又感激。我花了整个博士阶段的时间才学会了如何适应批评。批评是科学的建设基石。你必须学习如何面对它、拥抱它、感激它。最终,一旦你接受了批评,才能开始基于它自我反省。的确,无论你是学生还是科学家,反思都是尤为重要的,正如瑞·达利欧(Ray Dalio)在其《原则:生活和工作》里所言。事实上,他还有个相关的公式:进步=痛苦+反思。

★ DALIO R. Principles: life and work[M]. New York: Simon & Schuster, 2017: 592.(中文版:《原则:生活和工作》,刘波、綦相译,中信出版社,2018年。)

4 找到你的第一份学术工作

谁能被聘用?对于申请者来说,这是个简单的问题——答案就是"谁最有资格!"但是,令人遗憾的是,往往事实并非如此。没错,你的简历会让你得到一个面试机会,但是在那之后,就不是任何纸面上的资料能帮到你了,最终还是取决于你的性格和交际能力。

我至今仍清楚地记得,我面试的第一所大学的院长问我的问题,"那么,Jeff,谁是你心目中的英雄?"那时候我从新西兰飞

过来,刚下飞机,还在倒时差,只能脱口而出唯一能想得起来的名字:"韦恩·格雷茨基(Wayne Gretzky,加拿大有史以来最优秀的曲棍球运动员)。"接下来的问题:"你最近在读什么书呢?"我表现得更糟糕。我那时恰好迷上了东方神秘主义,阅读了很多雪莉·麦克雷恩(Shirley MacLaine)的书籍,于是就讲了下。在面试之后,我非常确定我的回答太糟糕了,一定会被淘汰。神奇的是,我竟然没有被淘汰。后来我与其他同期被聘用的同事聊天,他们都在嘲笑我的回答。他们大部分人都要么说自己心中的英雄是某位前任总统,要么说自己正在读着什么深奥的学术著作!

面试很奇怪。学院老师可能自己都不知道要招一名什么样的助理教授。这就给了那些能与学院里和招聘委员会建立联系的面试者们一个偌大的优势。我曾经参与过多次招聘过程。到最后,我们招了一些连我们自己都搞不清楚他们来了能教什么课的人。我们只是单纯地被他们本身及其研究愿景所吸引了。他们的表现让我们着迷并为之赞叹。在幕后,一场典型的大学学院招聘一定充满了招聘委员会成员对于空缺职位描述和要求的争论,甚至争吵。一部分学院教职员工要求这个职位必须具备这方面技能,另一部分老师又觉得必须具备那方面技能。

当然,招聘流程没那么简单。以下是你需要知道的。

招聘广告

阅读字里行间的信息。明白什么是必需的,什么是期望的。候选人能否入围面试通常取决于这些"什么是必需的"字眼:入选的人都必定满足了每一条必需事项。在你的求职信里,可以沿用招聘广告里的语言,基于你的背景和资质,把自己描述成那个恰巧符合职位要求的不二人选。写求职信和写项目申请书一样,如果与要求不符,你的申请只会直接被丢进垃圾桶。

你的简历

你的简历必须是完美且无任何拼写错误的。在我担任招聘委员会成员的时候,你无法想象我在多少封简历里检查到错别字、引用错误和其他失误之处。你的简历或求职信里的任何不完美之处,都会给人一种你做科学研究也不会严谨的印象。在提交之前,最好找个心细眼尖的同事或朋友帮你审阅一下。

电话面试

你必须热情四射又口才横溢。你必须表现得思维敏捷又阳光开朗。关键是要让你的自我吹捧显得十分谦虚,无懈可击。要谦虚,但又要突显出与个人成就及潜能相关的重要信息。表现出,若进入该学院,你在此的研究必将大放异彩。同时,了解学院成员都有谁,并弄清楚如何融入他们的文化,会帮你进入下一轮面试。

你的电梯游说

在电话面试或面试途中偶遇学院某教职员工的时候,你得对自己的研究做个简短的介绍,也就是所谓的"电梯游说"。大部分情况下,这都是一场灾难。候选人唠唠叨叨讲了半天,说自己干了这个、那个,还有这个、那个……到了第三个"还有"的时候,听者已经两眼发直、开小差了。兰迪·奥尔森(Randy Olson)对此有个解决方案。他称之为ABT方法,即还有(A:and),然而(B:but),因此(T:therefore)。*请参阅第12篇文章,会对此技巧有详细介绍。

★ OLSON R. Houston, we have a narrative[M]. Chicago, IL: University of Chicago Press, 2015: 256.(中文版:《科学需要讲故事》,高爽译,重庆大学出版社,2018年。)

调研一下对方单位

在实地面试的时候,你对对方单位的了解程度直接决定了你能给对方单位的个人和集体留下多深的印象。对于有可能会一对一会面的教授,尤其是招聘委员会的成员,你需要熟悉有关他们的一些背景知识,比如他们在哪儿获得的博士学位。这些背景知识在当面闲聊的时候会有帮助。你需要知道他们在做什么研究,以便于和他们讨论他们自己和他们的工作。你必须表现得很感兴趣。

面试报告

最好的面试报告是让听众知道你在说什么。为什么这么说呢?大部分听众并不熟悉你的研究方向。这不是国际大会报告,所以需要剔除那些专业术语和具体细节。最好的面试报告是带领听众走完一趟研究旅程。这些面试报告需要讲述一个故事。既要有吸引眼球的幻灯片,又要有精心排练预演的演讲,还要控制好节奏,一张幻灯片最好讲一分钟。

授课试讲

这必须得出彩。需要假装在座的教职员工都是学生。如果面试报告的时间节奏是每张幻灯片讲一分钟的话,那么授课试讲的时候最好每张幻灯片讲三分钟或者更长。你的目标就是要在课堂上达到一个效果:确保这些"学生"在听完试讲之后能掌握住一个重要知识点,并且稍后会在招聘委员会审议中讨论。

面试中的人际互动

要知道在面试过程中与你交谈的每一个人心里都可能在想:"这个人可以为我做什么呢?"他们会问自己:"我能和这个人共事吗?这个人能成为委员会的一员吗?他能成为一名好的单位成员吗?"在一对一的互动中,往往是闲聊,你必须传达给他们一个信息,就是无论对组织还是对他们个人,你完全符合每一个条款,并具备相应的能力。

聘约与谈判

我的第一份工作聘约是通过信件发给我的。我唯一的谈判策略就是立即回复:"好,我接受!"我没有去谈任何一部分条件,而是直接全盘接受。这是一个很糟糕的策略。当拿到聘约的时候,你作为已被选定的候选人,被赋予了谈判的权力。

进行谈判

谈判的时候需要考虑如何让你一到新学校入职就能快速地推进科研工作。因此,你需要提高你的启动经费和工资要求,作为未来为学校带来名誉和项目的种子资金。

上网调查薪酬信息

在很多国家、州和省,薪酬信息都公布在网络上。你应该了解这些参考值,以便在你想讨价还价的时候引用。还有你要知道,你的入职时间可以根据你的博士后进度或其他安排而延后。他们如果想录用你,通常都愿意等。

谈判细节

这大部分都取决于你在哪个国家工作或打算申请哪的工作。我上面讲的大部分都是关于美国就业市场的。在加拿大和澳大利亚,启动经费的可谈判空间更小。在一些欧洲国家,通常都没有啥启动经费。在英国,通常参加面试的人都被安排在同一天到学校,所以基本没啥正式机会可以一对一地互动。而在有些国家,薪资水平都是固定的,谈工资水平是不可能的。

不管具体情况如何,你应该把找第一份科研工作的过程视为一份工作来看待,甚至,也许会是你学术生涯里最重要的一份研究课题。因地制宜。要知道到了面试环节,就是性格取胜。如果让我说得注意什么,那就是我同事常说的:"你必须艳惊四座。"就那么简单。哦,还有,好好想一下你最崇拜的人和最喜欢的作家是谁。

别当忙碌的傻瓜。

——佚名

5 学术界的"马太效应"

每个人都听说过"马太效应"那句至理名言:"富人变得越来越富,穷人会变得越来越穷。"20世纪60年代,罗伯特·默顿(Robert Merton)对科学界的研究表明,名声在外的科学家和机构往往

会吸引"过多的关注和资源,从而导致声望的进一步积累,进而吸引更多的资源"。★

然而,事业刚起步的科学家们往往不知道这种效应是如何影响他们的,尤其是在读博士、博士后和当助理教授的那几年。实际上,正如很多社会学著作里所说的,"初始优势往往会引发更多后续优势"。◆ 这是什么意思呢?在起步阶段的爆发至关重要。那些能在初始阶段强势起步的人能得到累积优势,且这一优势会逐年递增。迅速找到你的角色很重要,不要让别人来定义你自己。

如果做研究是你的兴趣和重点,那么一开始你就要被同行认为是科研新星。越早拿到经费,完成论文,培养学生并且成就他们,对你的发展越好。因为,你所在单位对你的早期认知,直接影响了后面你的整个生涯的教学工作量。你需要在你的同事中脱颖而出,这会对你的发展起到巨大的促进作用。

★ MERTON R K. The Matthew effect in science [J]. Science, 1968, 159 (3810): 56-63.

◆ RIGNEY D. The Matthew effect: how advantage begets further advantage [M]. New York: Columbia University Press, 2010. 但是《经济学人》杂志最新的文章(https://www.economist.com/science-and-technology/2019/05/11/in-science-grit-counts-as-well-as-talent)指出,对于那些没有先天优势的人,希望仍然存在。这份研究认为,勇气和决心可以胜过先天优势。

我个人的小小"马太效应"

我当时并不自知,但回想起来,才意识到"马太效应"在我的学术生涯中起了作用。在我担任助理教授的头两年,我非常幸运地获得了一系列的研究经费。突然之间,我拥有了超过100万美元的经费,这在当时算很多钱了。在美国,间接经费对于推动学术研究的意义重大,而我可以为学校带来大量收入。因此,学院给我安排的教学任务少了,并且由于教学工作不多,我进一步有了更多的时间来撰写项目申请书。由于有更多时间写项目申请书,我又得到了更多的经费,并且发表了更多的文章。你现在理解"马太效应"了吧。当然,我将在第9篇文章陈述研究经费过多的弊端。这段经历也让我了解到经费多少其实与科研成果的影响力呈反比。

据我对他人的观察,我发现一个人在职业初期的发展状况会在不同程度上、以某种方式对其后期发展带来影响。如果能在职业初期可以不受打扰地集中精力努力工作,你的论文引用将会产生复合效应。这就和"复利效应"的概念一样,有助于树立长期的学术声誉。不过,与做退休计划一样,如果你等到职业中期才开始发表论文,那时候你需要付出非常多,才能追赶得上在职业初期就开始发表论文的人,弥补"复利效应"拉开的距离。

人际网络和"马太效应"

人际网络和富人更富是有直接关系的。越快建立自己的社交网络越好。我还记得我第一次去欧洲参加一个大型国际会议。在会议上,我一个人都不认识,孤身一人去听讲座,孤身一人吃饭。在读博士的时候,我是我导师唯一的博士生,而且他的研究方向和我的完全不同。那时候,我对于如何建立人际网络一窍不通。

我参加的第二个会议是个100人左右的小型专题研讨会。与上次的国际会议完全不同!主办方安排的会议酒店就像一个孤岛似的,大家不得不吃在一起、住在一起。我的建议是尽早参加这些小型的专题会议,最好是与你论文主题相关的。在这个小型专题会议上,我遇到了职业生涯中非常重要的五位合作伙伴并且在我毕业后一年内就开始与他们进行合作研究了。在那场会议上,我有幸结识了我研究领域中的所有"大咖"。到最后,五天的会议还没有结束,我已经认识了他们,他们也认识了我。这简直是变革性的转变。

所以说,为什么人际网络对于事业快速起步那么重要?它可以帮你打开合作的大门。关于如何构建人际网络有很多很好的参考书籍,比如阿拉娜·莱文(Alaina Levine)的《书呆子如

★ LEVINE A G. Networking for nerds: Find, access and land hidden game-changing career opportunities everywhere[M]. Hoboken: Wiley-Blackwell, 2015: 256.

◆ RIGNEY D. The Matthew effect: how advantage begets further advantage[M]. New York: Columbia University Press, 2010: 176.（中文版：《贫与富：马太效应》，秦文华译，商务印书馆，2013年。）

何建立人际网络》）。不过，关于职业初期如何建立人际网络，我的核心建议就是：找到那些能一起写论文和申请基金的人。对我来说，最好的合作伙伴就是：即便我们不在一起讨论科学，我也享受和他们在一起相处的人。我的合作者已经变成了朋友。

人际网络和"马太效应"也解释了为什么有些课题组会成为业界翘楚。年轻科学家往往需要依赖自己的人际网络以及培养自己的学生和博后来发展事业。未来，这些学生和博后也会逐渐发展出自己的人脉，并且取得事业上的成就，这些都是宝贵的人际资源。并且，他们培养的学生和博士后也会成长起来，拥有更多的人脉资源。如果你来自一个没有什么人脉的实验室，那么你必须想办法自己建立交际圈，因为这些交际往来能让你在一群同样有才华和干劲的同僚中脱颖而出。◆

因此，不管你正身处于全球近26000所大学中的哪一所（趣味冷知识：在1945年，全世界只有500所大学），你都应该努力使自己早日发光发亮。正如我的加拿大同胞和全世界最伟大的职业冰球运动员——韦恩·格雷茨基所说："那些你没有尝试去击打的球，就一定100%会丢分。"

世界上有各种问题,大学里有各种学院。

——盖理·布鲁尔(Gary Brewer)

第二部分
教职初期的生存与发展

如果只需要观察而不需要写作，那么科学家的生活将多么美好！

——查尔斯·达尔文
（Charles Darwin）

6 好莱坞模式的文章写作方法

"所以你想当作家?"当我的一位教授朋友知道我有志成为一名学术性科学家的时候,他是这么打趣我的。这个问题也直截了当地提醒了我,科学生涯需要一辈子不停地写作。可是,即便早就知道这一点,在我努力争取终身职位的过程中,我仍然觉得写作是件具有挑战性的事。我很难根据我的实验数据讲出故事。即便是想到了好的故事,我也很难把它讲好。我往往试着写个开头,希望能一口气写到文章结尾。可事实却是经常写进死胡同。我那些最终没能完成的文章数量远超已经发表过的。最糟糕的是,我没能帮到我的博士和博士后们掌握写作的技巧。

我写作水平的巨大提升发生在拿到终身职位之后不久。在一次短暂的聊天中,一位资深同事提到,他在写科研论文的时候重点放在结构上,而我往往纠结于选词造句,以至于陷入困顿。但是,他强调写作最重要的是勾勒出故事的轮廓。我之前一直以为,标准的论文结构(包括:引言、方法、结果、讨论和结论)足以使我按照故事脉络写作。但我的同事帮我认识到,即使有这些大标题,仍然有可能被卡在死胡同里。

如今,我把标准论文的各个部分看作单一的俄罗斯套娃。先花足够的心思和时间把这些部分框架设计好,最终,文章的写作就会变得极其容易。我称之为自上而下写作法。

现在,我们课题组在写论文之前,都得在一起讨论并将故事脉络写在白板上。我就好比是一个大牌的好莱坞制片人,而我的博士或博士后则像导演一样向我推销他们的故事。他们的故事必须回答三个问题:目前研究现状如何?前人的研究存在什么问题?这份新论文如何超越前人?

这种方法有助于构建故事框架,并突出了关键的图和结论。对于年轻科学家来说,引言部分通常是最难写的。在写作时,你需要平衡好研究现状的每个部分,这不仅有助于完善引言结构,也将有助于引导读者发现研究的科学问题和假设。如果讲少了该领域的研究现状,可能会失去大量对此方向还不熟悉的读者。如果讲少了前人研究存在的问题,读者可能会奇怪为什么还需就此话题再写篇论文。如果讲少了这项研究与前人所做的工作的不同,新颖性又不够突出。引言部分的写作目的是将作品中新颖元素串联成一幅路线图,从而使得文章讨论部分的写作变得清楚起来。这里顺便提一句,讨论部分往往是新手写作的另一个难点。

一旦确定了故事脉络,我们就利用白板来回讨论每一部分内容,直到写作提纲里的副标题变成了段落主题,并且每个段落都明确体现在提纲中。在动笔之前,不断对这个提纲进行打磨,有助于我们确定这个研究故事是否能自始至终都让读者产生共鸣。我们可能会花好几天甚至好几周的时间来打磨提纲,直到达到理想状态,但是花费这些精力都是值得的。通过商定的小标题结构,可以一目了然地了解这篇文章是否逻辑清晰、结果重要,文章标题、研究目标和研究结果是否一致,哪些图对于推动故事是必不可少的,文章能否引起读者的共鸣。这样一来,写作就变成了很容易的填空题。在你开始遣词造句之前,文章的整体早已高效地完成了。

我还没能真正掌握写作的技巧，而且我自己也在不断学习中。不过这种自上而下的方法已经让我的团队发生了质的改变。现在，每当有新来的研究生表示想要从事学术研究时，我都会问一句："那么你想成为好莱坞制片人吗？"

7 完美的学院

俗话说得好：世界上有各种问题，大学里有各种学院。许多职业初期的科学家刚开始工作的时候，都待他们的学院如初恋，以为一生都会得到其扶持。有时确实如此，但大部分情况下并非如此。地盘之争、教职员工会议上的争执、单位里的派系之争以及同事间非工作层面的纠葛，都可能会影响到你的职业发展。

虽然有些学院的情况会比其他的要好些，但是大多数新晋

的教职工在事业起步阶段,都多多少少会遇到一些问题。当然,当我刚到第一所大学工作的时候,我也曾天真地以为一切都会很完美:我的同事们会感激我在科研和教学上的付出,然后大家其乐融融。

如今,我已两鬓斑白,有了一点阅历,才发现我当年对学院生活里的人情世故是多么无知。现在,每当我送别我的博士和博士后们去新单位工作的时候,我心里已经知道,他们的生活从此开始变得复杂很多,他们将不得不处理更多的往来信息,在微妙的人际关系网络里摸着石头过河。

我从来没向研究生们传达过这方面的知识。当然,我可以像其他人一样推荐博士和博士后们阅读戴尔·卡耐基(Dale Carnegie)的一本老书:《如何赢取友谊及影响他人》*。但是我认为,如果就此话题展开充分的讨论,会更有收获。

★ CARNEGIE D. How to win friends and influence people[M]. New York: Simon & Schuster, 1936.（中文版《如何赢取友谊及影响他人》,纪康保译,地震出版社,2004年。）

我认为,掌握一些软技能对于个人在偏基础科学的学院甚至所有方向的学院中的发展是至关重要的。在这里,我愿意将一些想法分享给即将开始教职工作的学生们。

保持乐观,并表现出最大的善意和同理心

对你的同事和他们所做的事情表现出兴趣。在合适的情况下不要吝啬你的赞美。

在走廊擦身而过的时候要打招呼,哪怕他们头也不抬

坚持如此,不管他们认不认识你,主动打招呼会有很大的不同。

尽可能多微笑

光凭这一点,就能一路为你神奇地抹平许多烦心事。

保持中立

在你入职之前,学院里就有的那些派系之争可能会一直存在。在这种情况下,最好对这种派系之争不管不问,并且不加入学院里面的小团体。

避免说同事的闲话

不这么干只有"死路一条"。

在你工作的学院里建立强大的人际网络

通常是和那些与你同期被招进来的新同事和其他初来乍到的教职员工处好关系。于公于私,这都对你有所帮助。

恭谦对待每一位同事，如同每位同事都是你的老师

这样可以让你保持谦卑之心不断学习，也可以让学术权威们卸下戒备。

你要努力在学院里树立自己积极、上进、热心的形象。在这样轻松的心境下，你的学术工作会更容易开展。以上建议貌似非常简单，如此的理所应当，却是我们日常行为操守中最有价值的金句真言。

但是万一你发现你的善意和魅力攻势都无法奏效呢？过去很长一段时间，我就陷在这样的状况里。有时候，你会发现在学院里根本不存在凝聚力，就像一盘散沙！又或者，在开会时不管你什么时候发言，总有同事又翻白眼又叹气；又或者，有位同事总是处处为难你带的一名研究生；又或者，学院里同事的科研视野很窄，与你更为前沿或更国际化的视野完全冲突。

对于这些问题，并没有简单的解决办法，不过我在此过程中也学到了一些技巧。尽管学院里可能存在一些问题，而且所有的学院都有自己的问题，不完美的学院也仍可成为你的完美舞台。

与学院负责人建立良好的关系是帮你渡过难关的关键

他们可以帮你与有问题的同事沟通协调,或者促成一场关键的交流对话。

想办法将你的工作与大学的战略规划对接

这可以让你免受学院里一些"怪咖"和目光狭隘的人的冲击。

如果学院本身存在问题,则在全校范围内搭建人际网络并努力结识一些重要人物,他们有时候会成为你的救星

这也可以让你更好地了解大学文化。

寻找同事区别对待你的原因

这将有助于解释为什么有的人可能就是不喜欢你:由于大

学工资压缩等原因,你的起薪可能比一个资深老教授的工资还高;你的研究领域的发展正突飞猛进,而其他人觉得那是以牺牲了他们研究领域的投入为代价换来的;你最近获得了一些奖项,而同事们感到嫉妒,甚至可能他们会觉得这是一场零和博弈。要设身处地考虑为什么同事们会有这些行为,试着解决问题。

如果你觉得你在学院里待得很不舒服,请记住那句话:"不要让混蛋把你打倒(Illegitimi non carborundum)。"你随时都可以离开,而且就算你真的跳槽了,也没什么大不了的。但在你做出"离开"这个决定之前,要知道十全十美的学院就像"尼斯湖水怪"一样,只是一个美丽的传说。

伟大的人有伟大的价值观和道德观。

——杰弗里·吉特默

（Jeffrey Gitomer）

8 现实世界的道德标准

在步入不惑之年时,我是纽约州立大学(SUNY)的一名教授。我有着充裕的研究经费,其中的大部分都用于纽约市流域应用研究。我的暑期经费也很充足，甚至可以建立"备用资金"账户，用来资助学生的差旅、购买实验室设备等。当时我在圣劳伦斯河边有一个避暑度假屋。在那里度假的时候，我突发奇想，开始思考地下水是如何从河床上冒出来的，并对我当时正在使用的水体混合模型产生了哪些影响。

这和我的基础研究方向一致，又符合美国国家科学基金会资助的研究方向。有一天我灵光一闪，决定从备用资金里拿一笔钱买套水肺潜水装备，有空的时候可以自己潜下去，对不断喷出的地下水进行采样。我当时认为这件事对于那些从事工程研究的同事来说无所谓，他们大部分人整日坐在电脑前，不了解田野调查。但是，后来我才知道，我买水肺潜水装备的事情让好几个工程部同事感到不满。直到后来，我都离开这所大学、去别的大学任教好几年了，我才意识到这件事对我在当地的学术声誉产生了负面影响。

最近，美国地球物理学会（AGU）和其他学会一直在提倡推行约束学术道德的相关政策。我曾经担任AGU水文学部的主席。在与其他学部委员的讨论中，我们很快意识到道德问题在我们的研究、教育和社会角色中往往是个灰色地带。通常情况下，怎么处理并不清楚，而且对于不同的解决方式总能找到一个好的理由。现在想想，我们大概和大多数资深的科学家一样，在某些问题上处理得非常好，而在另一些问题上则欠妥。因此，在讨论学术道德的时候，我们提议可以通过概括过去的一些陷入道德困境的案例,鼓励学生和年轻学者们积极参与进来。对此,美国国家科学院出版了《关于成为一名科学家》一书,*列举了许多复杂的案例。

以下是我们AGU的同事们总结的一些个人经历。我们希望通过这些分享,引发大家的广泛探讨和辩论,并且可以吸引更多的群体在他们的日常生活中(例如,专业学会、学生社团、学院里的咖啡屋等场合)开始探讨学术道德。

★ National Academy of Sciences, National Academy of Engineering, Institute of Medicine. On being a scientst: a guide to responsible conduct in research[M]. 3rd ed. Washington D.C.: The National Academies Press, 2009.

你从一组已经公开的数据中发现了一个有意思的现象并且得出一个合理的解释

在把这个结果写出来之前,你收到了一份论文的审稿邀请。别人写的这篇文章同样发现了这个现象,但是提出的解释是明显有问题的。如果指出他们的错误,他们必定会得出和你同样的解释。这个时候你应该怎么做?

你在紧锣密鼓地完成一篇论文,希望能赶上一个杂志特刊的截稿日期

这个时候,一个合作者建议你在前期工作的基础上做进一步的分析。没想到的是,进一步的分析得出了不同的结果。你十分肯定的是新的分析有一些问题,但是始终无法发现是哪里出了问题。这个时候你应该怎么做?

你在某个会议上展示自己的海报,其实你知道自己的数据和解释并不充分

在你展示海报时,有人提出了一个简单并且更为合理的解释。这个时候你应该怎么做?

你在确认某篇文章的最终作者列表

你的学生中,有的给你提供了一些数据,有的帮你分析了数据,有的给你提了几个比较好的建议。这个时候你该怎么做?

假设作为一名学生，你在和你的导师讨论往哪个期刊上投文章

你想投稿到一个很有名的开放获取的期刊。你的导师同意，但是解释说，支付开放获取的版面费会花掉你去下一个国际会议的差旅费。这个时候你应该怎么做？

假设你是一名教授，当你在和一名研究生聊天的时候，他抱怨说把文章初稿发给导师好几个月了，还没有收到修改意见

这名学生的研究方向和你相差很远，并且他的导师是你的朋友。你很想帮助这名学生，但是不想给他们带来矛盾。这个时候你应该怎么做？

假设作为一名教授，你鼓励一名年轻的同行申请自己单位的职位

出乎意料的是，他的博士导师写了一封非常负面的推荐信，直接导致你朋友的申请没能通过。你想把他导师推荐信的情况告诉你的朋友。这个时候你应该怎么做？

一个期刊曾经拒了好几篇你的文章

现在,他们想让你给他们评审一篇稿件。这个时候你应该怎么做?

作为一名教授,有位本科生向你反映他在另外一门系里的实验课上得分不高,希望听取你的意见

其他的学生都懂得,为了获得"A",必须篡改自己的结果才能达到预期的精确度。但是,这位同学如实地汇报了正确的实验结果,获得了较低的成绩。这个时候你应该给他提供什么建议?

作为一名老师,你发现课上的几位学生有作弊行为

按照学校的规章制度,除了汇报给院长办公室之外,你无权采取任何措施。但是,按照以往的经验,即使是这样明目张胆地抄袭,院长办公室也很少加以处罚。这个时候你应该怎么做?

当你面临类似的学术道德困境的时候,讨论上述这些问题可以帮助你权衡不同解决办法的利弊。鉴于理想化和现实性解决方案通常不一致,如何在不同方案之间进行抉择反倒成了挑战。在很多情况下,谁都不清楚各种方案实际执行情况是怎么样的。也许最好的标准就是扪心自问:"如果这件事是本地报纸的头版头条,我会怎么想?"

我和其他AGU培养领导力的同事们都鼓励科学家和一些专业学会在各种正式和非正式场合(例如国际会议专题、学院报告会或者咖啡桌上)与他们的学员讨论各种学术道德困境。通过个人案例的分享、对自己选择的诚实反省以及对如何做得更好的设想,可以总结出很多经验和教训。关于现实世界中的科学伦理的大探讨有助于我们学术团体提升对于常见道德困境的认知度,并且提出积极应对的解决方案。

坚持,就像成功会势在必得一样。

——佚名

9 个人学术标签

早些年,当我还在辛辛苦苦朝着终身职位奋斗的时候,我不断变换研究课题。当时,我疲于申请研究经费,在一些不相关的方向上浪费了不少精力和时间。直到我在另一个大学里成功地拿到终身教职成为了副教授,我才开始明白应该规划好自己的科研之路。通过观察其他科学家,我意识到,好的科研规划在于找到自己的关注点、发出自己的声音并且尽快地被大家知晓你的专长。现在,当我的学生和博士后问我如何才能够在众多年轻学者中脱颖而出、获得教职的时候,我告诫他们要从我早年经历中吸取教训,尽快找到自己的学术标签。

从最佳科学意义上来讲,你的学术标签就是你的核心目标,即你希望在哪个特定研究领域内做得出色并且为人所知。好比职业愿景,你的学术定位就是一张导航图,指导你在未来的一段时间内在哪些方向持续有所作为。通过刻画自己的学术标签,你清楚地向同行展示了他们该如何定义你,并且帮助他们记住你和你的工作。

作为一名年轻的水文学家,我当时的研究方向非常广,从土壤流失、冰雪物理到植物摄取水分的遥感研究。当我最终找到我的研究重点时,我集中解决以下三个问题:下雨时水到哪里去了？降水通过什么途径变成了径流？径流中的水有多老？最初,这些问题覆盖面很窄,仅仅是我博士论文工作的一些延伸。渐渐地,这些科学问题的范畴逐渐变得越来越大。现在,我研究植物从哪里获得水分并且地质学在水存储和释放中的作用。这些核心问题构成了我学术生涯的主旋律。

这里的诀窍在于找到最理想的科研"带宽":太宽了,你会被淹没在同行中,无法出彩;太窄了,则会让你显得很狭隘。你的定位可以与你导师的方向有点关系,但又能在新的方向上更进一步,彰显出你的独特才华。那句老谚语"只做非你不可的事情"或许可以帮你做出判断。

一旦确定了自己的学术标签定位之后,如何为人所知就相对简单直接了。你只需要按照自己的研究主题,取得好的研究结果,发表文章,并且给同行做相关报告。除此之外,你还可以做一些事情。第一步,在你的研究主页上简要说明你的学术标签定位。第二步,通过一些学术活动更直接地向你的同行推广你的学术标签。例如,你可以针对你的研究方向,写一些评论、展望或综述文章;或者,你可以申请作为某个相关特刊的客座编辑进行约稿;又或者,你可以围绕你的研究主题组织一个国际会议的专题或者小规模的研讨会。我的想法不是说让你只做上述的其中一件事,而是越多越好。

所有这些努力积累后的效果肯定好于单次努力的效果之和。在进行终身教职的国际评审的时候,你需要在某个领域已经小有名气,尤其是那些外审的专家已经知道你。上述的策略基本上能保证实现这一点。

最后,我想说,你的学术标签会给你未来的研究生涯持续带来好处。比如,当越来越多的机会涌向你的时候,你的学术标签会帮你过滤它们,只留下那些对你来说重要的。你的学术标签也会帮你确定对什么事情说不。随着时间推移,你会越来越受追捧,这时学会拒绝将变得尤为重要。另外,就像刚开始某个学术标签是来形容你的学术抱负的一样,它最终也会成为晚年总结你学术生涯的句号。

重要的事情往往不紧急,紧急的事情往往不重要。
——德怀特·艾森豪威尔
（Dwight Eisenhower）

10 每日一小时写作

刚成为助理教授时,我经常感觉事情多得应接不暇。我需要教课、和新同事处理好关系、招收新的实验室成员,回到家还有个嗷嗷待哺的孩子,更别提要做项目和发表文章了。为了使自己走得更远,我不放弃任何一个锻炼自己的机会,包括担任各种编辑以及专业委员会成员。尽管我每天疯了一样地工作,我的科研产出,即文章发表量,却比较低。那时,我压根没办法找到一些时间专注于写作。然而,当我好不容易找到时间来继续写搁置已久的文章的时候,又要需要比较长的时间来熟悉,进一步拖慢了我的进度。

起初,我以为这是所有科研工作者都会遇到的困扰。但之后的几年,我注意到一些比较资深的同事能够保证规律地发表文章,并且经常有一篇文章在写作中。于是,我询问他们诀窍是什么,结果发现他们坚持每天固定花一点时间来专门写文章。自那起,我也发展出了一套自己的方法,我称之为每日一小时工作制,即每天有一小段神圣不可侵犯的写作时间,这才是科研工作者真正的工作。

早晨是我精神状态最好而且时间最可控的时候。因此,我会把每天起床后的第一个小时用来写作。对于我来说,写作任务最好就在家完成。现在,我已经养成了一套行为模式:早起,煮杯浓咖啡,然后坐下来写作,直到筋疲力尽或者被其他事情打断,例如邮件、今天要截止的任务或即将开始的会议。写作通常是一个小时,有的时候更短,有的时候长一些。我发现,规律的写作习惯就像打高尔夫球一样,一旦开始,就会变得容易很多。每天晚上,我会计划第二天早上的写作计划。并且,我会把写作计划详细地标注在我的日程和待完成事项里,包括哪篇文章的哪一部分等细节。

这样的习惯改变了我的工作和生活。在工作初期始终困扰我的挫败感消失了。现在，在完成了每天的写作任务后，无论后面的工作进行的怎么样，我都会带着满足感回家。

我绝非精通了写作技巧，但是我的每天一个小时写作习惯的确增加了我的科研产出。并且，随着我的专注和不断地练习写作，我的写作质量也得到了提高，这让我更加享受写作。这个写作习惯也让我每天有深刻思考的时间。当我刚开始担任教授的时候，我记得极少有这种深刻思考的时间。但是，现在我每天敲击键盘的时候往往能产生不少的灵感。某几天写作特别顺利的时候，即便是不摸键盘，我也会有很多想法，尤其是在骑车去上班的路上或者休闲阅读时。

很多时候，写作是在编辑或者修改其他人的文章。这个过程有时候比较艰难，但我会把它看作乒乓球比赛，并保持昂扬的斗志。我的目标就像接对手发球，越快打回去越好。

在任何运动中，运动员都得保持健美的身材和良好的状态。写作也是一样，如果我疏于练习，很快我的写作水平就会下降，并且写作和编辑也会变得费事。因此，尽管周围有林林总总的各种干扰，我还是会保持每天宝贵的一个小时写作。我发现写作其实并不需要很长一段不被打扰的时间。专注和规律才是关键。现在，我都会建议组里的博士生和博士后，在获得教职后都能形成自己的每天写作习惯，从而避免重蹈我早年的覆辙。无论在职业的哪个阶段，一个每天写作的好习惯都能提高你的生产力，更重要的是，增加工作的满足感。

11 精心筹建一个强有力的研究团队

当在助理教授阶段开始组建自己的研究团队时,我单独考虑了每位申请者,并没有考虑整体的发展需要。因此,在选择学生的时候,我主要基于他们的学习和英语成绩,以及我和他们一对一的关系。我当时并没有考虑他们的团队协作能力、软实力,或他们加入后对团队动力的影响。这种模式让我拥有了一个按人头算还算多产的研究组,但是,许多年过去后,我逐渐意识到积累效应才是团队建设的关键。除了研究生和博士后

的个体产出外,还需要团队协作、团队成员之间的指导以及最重要的团队整体的科研发现。

我是非常偶然才意识到这一点的。那时已经是我拿到教职10年之后了,我们团队来了一名来自欧盟的博士后。他坚持课题组应该在每天早上有一个咖啡时间,就像他在欧盟学习期间一样。这个例行的咖啡时间逐渐从非学术性质的闲谈演化到每天打卡课题组从事的工作,以及新想法的讨论。这些年来，咖啡时间成了我工作中最享受的时刻，并且促成我们团队写出了更好的论文。

现在，我会把每个课题组成员看成是拼图里不可或缺的一部分。我会寻找那些背景不同但是互补的人加入我的团队，且巧妙利用它们之间的良性张力，让他们彼此质疑对方的方法和观点。我的课题组成员会有他们自己的论文题目、项目和文章，但是他们每个人又能够利用团队的力量来讨论自己该往哪个领域推进以及什么才是最好的科学问题。

要想营造这样的氛围，培养出一个强有力的研究团队，第一步就是要建立关系。在工作之外定期组织一些社交活动，有助于打破团队成员之间的壁垒，培养团队精神。每周组会、早晨咖啡时间、课题组聚餐或者周五下午的啤酒聚会等活动都可以在课题组或兴趣小组间创造一些惊喜。团队建设还可以营造出一种安全感、信任感和归属感。在我的团队里，大家都很期待同心协作和维护彼此的声誉。我们恪守一句古老的格言：如果你对别人没有赞扬的话，那就什么都不要说。彼此之间包容缺点，分歧会很快解决。

无论是学术上还是文化上，维系课题组内部的多样性都会对建立团队带来挑战，但是这种多样性本身会给课题组带来无穷的能量。这些年，我的确发现最高效的团队都是那些能平衡好性别、文化和科研背景的课题组。团队领导可以试着利用这种多样性，启发那些在组会中不善言辞的人表达自己的想法。

一个简单的策略就是不要让某个人主导了讨论。有时候,让一位天资较好的成员提出想法,然后让团队成员一起讨论也会很有效果。

利用一个强大的团队去思考问题就像指挥一支交响乐队一样。它需要将具有各种专长的音乐家组织起来,并且协助他们一起演奏,最终完成一首个人永远无法完成的乐章。

过去这些年,我未曾一直拥有一支强有力的团队,因为事物总是在变。新的实验室成员的加入会带来新的机会和挑战。但是,我现在深信一件事,就是随着资深的团队成员开始新的工作,他们也会在各自的实验室建立自己的强大团队。团队将会变成一个现成的人际网络,让不同实验室成员之间可以相互合作,并在未来建立自己的强大团队。

12 项目申报书写作技巧

面对一个新来的研究生,我可能会像当年别人问我(见第6篇文章)一样问他:"所以,你想当个销售咯?"科研工作就好比推销,你必须通过项目申报书把自己的想法推销出去才能获得帮助。研究生培养并不会教给你如何推销自己的想法,但只有获得资助才能给你的研究提供可能。并且,写项目申报书和写文章完全是两码事。

下面,我分享几点我所掌握的技巧:

了解评审要求

无论申请哪个项目,你的提案必须预算合理、有价值并且可实现。好好琢磨下这三点。预算合理意味着你申请的数目必须在出资方的预算范围内。有价值意味着你提案的研究内容在某个方面是重要的。如果项目是偏应用研究的,你的提案需要能解决某个实际问题;如果项目是偏基础研究的,你的提案需要能以某种创新的方式解答某个重要的难题。可实现意味着你可以利用申请的经费完成提议的研究内容并且实现研究目标。许多申请书都是因为不可实现性而被砍掉的,因为评审人压根不相信你能够用申请的经费在规定时间内完成提案的研究内容。

阅读项目申报指南

如果申请的项目有一些具体的要求,你必须在申请书里逐条体现出来。这听起来很简单,但是对于一个职业初期的年轻科学家来说,他容易被自己对研究的热情蒙蔽了双眼,没能仔细阅读并且揣摩吃透项目申报指南的要求。如果申请一个有具体申报指南要求的项目,你必须把申报指南一遍一遍地读透,然后在申请书中针对申报指南要求的每一条做出说明。这个过程就像面对科学目标量体裁衣,现在给你一件衣服,你要能够穿上它。诚然,有些项目要求只是想征集一些好的科学想法。这种项目给你提供了更多的空间,但是有时候这种项目反而更难申请。

利用ABT模式推销你的想法

兰迪·奥尔森（Randy Olson）写过一本书《怎样谈科学》。*这本书应该是对于书写项目申请书和广义的学术"游说"最有价值的材料。很多人推销自己的想法的时候，往往说"我们要做这个、这个，还有这个和这个……"举个例子，"我们将研究水流在山坡上的流动路径，并且使用同位素来示踪水分子以及定年。"

兰迪的提议其实和古希腊人及现代好莱坞编剧所采用的方式一样，即通过"然后（And）、但是（But）、因此（Therefore）"的结构——ABT模式来讲故事。例如，水文学家研究水量平衡长达350年之久。并且，人们已经对蒸发、降水、径流以及流域内水循环等现象有较多的认识。但是，最近的研究发现，稳定同位素数据指示水

★ OLSON R. Houston, we have a narrative[M]. Chicago: University of Chicago Press, 2015: 256.（中文版：《科学需要讲故事》，高爽译，重庆大学出版社，2018年。）

可以在某些储库中滞留数百年甚至上千年。因此,我们这里提出一个新的水量平衡模型,充分考虑水滞留年龄的变化。

ABT模式营造的戏剧化张力使故事变得有声有色,紧紧抓住了听众的注意力,就像一些乡村音乐发烧友如痴如醉地听一段1-4-5和旋一样。不信打个赌,随便听一首乡村音乐,如果这首歌是C调开头,那么它肯定会通过某种组合从C调变到F调再变到G调,最后回到C调。

非凡的科学问题

我曾经担任过美国国家科学基金委的评审人和评估小组成员。通过这个经历,我了解到项目主管往往在重复做一件事情——寻找那些十分出彩的科学问题。他们想要看到那些拥有非凡想法的申请书以及能够改变现有认知水平的想法。他们会问"这会带来什么变革?"我们这里说的是高风险、高回报的研究。很多主管说他们看到的一些申请书里的科学问题太平淡,属于缝缝补补的工作。

如何具有吸引力和说服力?

答案就是营造戏剧性。用主动语态写申请书可以提高文本的戏剧张力。你需要通过申请书让评审人了解到资助你的项目会给该研究领域的发展带来哪些重大突破。并且,如果你的想法成功实现了,可以帮助其他同行实现哪些目前无法实现的任务。另外,你还要让评审人意识到,如果不资助你的申请书将会是整个研究领域的损失。在这种情况下,如果不资助你的项目,评审人将会给研究领域的发展造成怎样的伤害?你看,这就是我说的戏剧性。

预研究

现在项目竞争变得越发激烈。这时,如果有一些预研究结果证明你的想法是可行的,那将会提高你申请书的竞争力。道理很简单,如果你在评审两个写得都很好但风险性都很高的申请书,在其他条件都一样的情况下,你会选择资助有一些好的预研究成果的还是另外一个?

写得通俗易懂

刚开始写项目申请书的人可能会喜欢从文献里搜刮各种专业术语来堆砌他们的文案。一定不要踩这个坑!项目申请书必须要读着轻松,深入浅出。申请书的一个关键在于不能让别人读着就迷失了,避免使用那些复杂的公式、冗长的段落、晦涩的长句等,要简明扼要、平易近人、通俗易懂。尽可能地使用大号的字体。要给人一种迫不及待想要读完并理解它的感觉。

最为重要的是,申请书的任何一部分都不能让评审专家觉得自己很蠢。你的申请书会被远超你想象的大范围的同行评审。你需要像推销商品一样把你的想法介绍给他们。当你的申请书不吸引人时,他们会读不下去,容易走神,去倒杯咖啡、查查"脸书"、看看邮件等。你需要把他们的注意力完全吸引到你申请书上,就像他们在看詹姆斯·帕特森(James Patterson)的小说似的。

来自项目大师的建议

这10年来,我和一位申请项目的业内专家邓·福布斯(Donn Forbes)*合写过两个很大的项目,并且顺利获得资助。尽管那个时候我已经有了接近20年申请项目的经验,但是和邓的合作让我感觉自己和学生一样,

★ 邓·福布斯(Donn Forbes)的个人网站为donnforbes.com。

受益颇多。在他的学术生涯里，邓一共申请到了近十亿美元的研究经费。他让我意识到，在申请项目经验上，我的简直是微不足道。他向我展示了很多新的有关项目申请的深刻想法，在这之前我都不知道。下面，我列出了其中一些他说的申请技巧：

（1）关于可视化

邓主张帮助评审人在阅读申请书时形象地了解到哪些人要做哪些事情。他建议在申请书中，与其笼统地说你要做什么，不如增加执行人的具体信息，例如名字和职称等，以及他们的具体任务，并且说明执行人是如何合作来完成项目的。给评审人一个机会"走进"你的实验室，"看到"你们在做什么。关于这一点，他喜欢引用约瑟夫·康拉德（Joseph Conrad）在《黑暗之心》中的一句话："我的任务是让你听到，感受到，而最首要的，是让你看到。"★

★ CONRAD J. Heart of darkness[M/OL]. 1902. https://en.wikipedia.org/wiki/Heart_of_Darkness. （中文版：《黑暗的心》，黄雨石译，人民文学出版社，2018年。）

(2) 关于研究计划

邓认为一个项目申请书的最重要部分就是研究计划。对此,他的建议是"只要一有机会,就要强调你研究的创新点"。创新性是项目申请书的关键。如果你的研究计划都不是创新性的,那基金会凭什么要资助你呢?当然,任何一个研究计划都需要概述申请书的主要研究目的,并且要列出为实现这一目的所开展的每一步的计划目标。然而,邓建议更进一步,"把每一步的计划目标设定为独立的且成果可定量化的步骤"。他建议"每个目标用动词开头。接着,陈述任务执行人及执行时间。然后,在列完所有目标后,尽可能详细地描述你打算怎么实现每个目标。最后,可以把工作计划分成几个阶段,以方便理解。"

(3) 关于评审心理

如果你能够把项目申请书写得简单明了,评审人自然会好好读完,给你一个表达想法和计划的机会。然而,邓认为,"评审人也会从了解你想法的过程中体验到满足感。此外,评审人会基于他们自身的知识储备来思考你的申请书,并就申请书提议的工作是否有价值得出自己的判断。评审专家希望通过资助那些优秀的项目来提高他们自己的专业地位。你要给评审专家一个成为'英雄'的机会"。

最后,也是最为重要的高级技巧,你要牢记新闻记者的准则:讲清楚是谁、在哪儿、什么时候、干什么、为什么、怎么做。

你准备好工具了吗?

我所在的大学,有一位出色的主管科研的副校长,他对项目申请,尤其是一些大项目的口头禅就是要"准备好工具"。项目申请就像开展一个建筑项目一样,你需要完成很多准备工作才能够快速开始书写申请书。准备好你的想法,确定好项目的基本信息,确认完合作者和交际网络,你的工具才算准备好了,可以开始动笔写申请书了。

现在,有谁准备好了吗?

第三部分
取得终身教职之后及其他

领导者往往不培养追随者,而是培养更多的领导者。

——汤姆·彼得斯(Tom Peters)

13 职业生涯中期指导

20世纪90年代中期,作为纽约州立大学雪城分校的一名水文学家,我自认为在职业中期阶段发展得顺风顺水。在博士毕业四年后,我顺利获得了终身教职。

我打算顺势申请美国国家科学基

金会的职业中期项目。这个项目需要我在申请中加入一名资深同行的评价,因此我找到了一个明星科学家同时也是美国科学院院士。我满怀期待,自认为我的申请条件很强,一定会得到他的大力推荐。

我现在忘了当时是怎么看到他传真回来的推荐表格的,但是他的回复却深深地印在我的脑海里了。他在推荐表格中"好"的一栏里勉强打了一个勾,旁边"差"的一栏打了勾又划掉了。而我本来十分自信会收到一个"极好"的。

我对这个结果十分吃惊,不明白到底发生了什么。我自认为从助理教授到副教授的晋升十分顺利,甚至超过了预期。到底哪里出错了呢?

若干年后,我逐渐意识到了两件事。第一是我所在单位的优秀标准和其他地方的并不一样。我的单位的标准要更低。现在回头去看,我发现那位评审人所在的学院里有不少和我差不多年纪、处于相同职业生涯阶段的同事。他们当时经常在高影响力的期刊上发表文章,而我的所有文章都是在专业期刊上。

还有更重要的一点,评审人认为我在拿到终身教职之后做的事情都大同小异,无非是拿经费、写文章,而并没有朝着成为学科带头人的方向努力。我体会到他的言外之意可能是,我并没有去研究那些领域里的重大科学问题。不得不承认,我那时的一切工作都是围绕能否拿到项目来开展的。

在职业生涯初期,科学家往往有导师给指导建议以及明确的目标。但在职业生涯中期,这些指导往往是缺失的。我当时没有拿到那个职业中期项目,这个挫折告诉我,应该戳破偏安一隅的肥皂泡,因为世界对你另有期待。这是什么意思呢?

现在,当我给职业中期的同事们提建议时,我经常会分享我自己的经历,试图帮助他们了解职业生涯初期和中期的不同。在初期,你发展得好坏主要用文章数量、项目数量以及指导的学生来衡量。而在中期,你的发展主要取决于能否满足一系列新的对于成长为学科带头人的期待。

然而,职业中期会是一个艰难的转型期。前几年逐步增加教学任务的日子一去不复返了,取而代之的是委员会、教学、科研、同行评审、专业学会服务等,这些一股脑地压上来。雪上加霜的是,职业中期焦虑也是说来就来。之前通过"拿项目—发文章"的快车道顺利获得了终身教职,但是也可能导致你没有深刻地思考所在领域里的重大科学问题。因此,很多人陷入了被工作牵着鼻子走的境地,却没能把它重塑成为一条全新的发展道路。和我一样,很多人在职业初期并没有刻意地调整他们的工作方向。隐患就此埋下。

以下是帮助你进阶的一些建议:

向学科带头人角色转变

如果你还没有想过这个问题,那么应思考一下你的研究领域应该向哪个方向发展？问一下自己：我的研究领域里有哪些重大挑战？有哪些我们目前不知道但是需要知道的？我的工作怎么能够解决这些问题？与其关注发表的文章数量，不如集中精力思考一下自己的成果对于解决这些重大挑战能起到什么作用。

你还需要引起国际同行对于这些重大挑战的关注。为了实现这一目标，你可以积极组织国际会议和研讨会，就你认定的重大科学问题开展讨论。如果可能的话，你还可以向专业期刊甚至是高影响力的期刊撰写具有说服力的评论文章。这些努力都会有助于你成为学科带头人。

重新调整你的成就

受邀在各个大学做讲座、在学术会议上做主旨演讲，以及担任基金评审委员、学术期刊编辑委员等都是帮助你展现学术领导力并获得同行认可的机会。当然，你没有必要去追逐这些事情。做好自己的事情，随着你在研究领域内知名度的提升，这些机会自然会来。

你还可以在简历中展现出那些能体现你学术领导力的成绩，例如你所做的邀请报告、主题报告，以及你对研究领域内学会的贡献，而不仅仅是会员资格。这些改变有助于帮助你专注于提高自己学术领导力，并且了解职业初期和职业中期应该着重提升什么素质。

从职业中期困境中解套

如果你继续一成不变地按照职业前期的模式工作的话,你可能会遇到职业中期发展的瓶颈。在这种情况下,认真反思一下本研究领域存在哪些重大科学问题可以帮你重新燃起学术热情。和你的研究生和博士后们,一起满怀激情地探索这些重大问题吧。

如果你还没有试过休假,那么可以考虑休一个6~12月的带薪长假。这将是思忧虑远的大好时机,可有目的性地思索一些重大科学问题。利用休假时间,访问某个实验室,和实验室人员分享你的想法,产生共鸣,还可以试着去做一些有助于提高学术领导力的工作。在职业初期的发展中,如果你长时间没有在自己的科研和同行圈子里发挥自己的领导力,未来就会越来越难成为学术带头人。

在职业发展中期,你逐渐成为学院里的中坚力量。此时,一方面,你要从事好本单位的工作并且和同事搞好关系,另一方面,在研究领域内成为学术带头人会是你重要的目标。这是我当年一直没有参透的道理。

最佳共事者为知你所不知之人。

——佚名

14 学术访问和爆发式学术产出

马克·吐温(Mark Twain)在《傻子出国记》中写道:"一个人终生偏处世上一个小角落里,庸庸碌碌地过日子,对人生和事绝不会有远大、宽宏和仁慈的看法。"*将近150年过去了，即便我们已经步入了数字化网络时代，我要说的这个道理依然适用于科学和科学事业。

在我还是一个讲师或助理教授的时候，访问国外的诸多实验室让我有机会接触到很多新的设备和同行，并且招收到一批资质优秀的博士和博士后。大部分的访问是缘于我前面提到的学术界的交际活动（第5篇文章）以及我在科研生涯中建立的友谊。

例如，在20世纪90年代中期，我曾经在日本的一个实验室待过几个月。实验室里的成员都和我一样是水文学家，但是他们中的大多数人接受的是和欧美完全不同的学术培养方式。由于日本的地形陡峭且多不稳定的斜坡，那里的多数水文学家有地质工程学的背景，这也导致他们会采取迥然不同的方式来对待野外观察。例如，建立模型模拟山坡发挥了

★ TWAIN M. The innocents abroad; Roughing it [M]. New York: Library of America, 1984.（中文版：《傻子出国记》，陈良廷、徐汝椿译，人民文学出版社，1985年；《苦行记》，刘文哲等译，漓江出版社，2013年。）

什么样的作用。他们的设备和思考方式让我大开眼界。回国后,我就将这种思考方式融入到了自己的工作中。

我在访问中学到的新视角和思路加速了我在科研方面的成长。同时,另外一个重大收获是,我的访问促成了几位日本籍博士后加入我的团队工作,他们都非常优秀而且自带奖学金。

以下是访问同行实验室的其他直接益处。

有助于你提升学术交流能力

向不同科学或文化背景的人解释你的研究工作有助于你凝练想法和提高写作的清晰度。来自不同单位的人的提问、反馈和观点对你尤其大有裨益。这里,我们还是引用马克·吐温的一句话,科学访问是"思想狭隘的克星"。在接触其他的研究

★ TWAIN M. The innocents abroad; Roughing it [M]. New York: Library of America, 1984.(中文版:《傻子出国记》,陈良廷、徐汝椿译,人民文学出版社,1985年;《苦行记》,刘文哲等译,漓江出版社,2013年。)

方法、观察方式、观点或思考方式时,你自然会生出一颗科学的谦逊之心。

有助于你招纳博士和博士后

我曾经利用访问的机会招聘到几位我认为非常好的博士后。早在他们读博士时,我就利用访问的时间和他们有过一定的接触,并且借机劝他们毕业后来我的实验室工作。我曾成功招聘到一位顶尖的博士后。那时候,他在我所访问的德国一所大学刚刚开始博士学习。每年,我都会跟他联系几次,半开玩笑半认真地提醒他需要"履行自己的使命",来我实验室做博士后。五年后,他信守了我们玩笑般的承诺。在随后的两年博士后生涯里,他和我都像是踏上了汲取新知识的科学过山车。现在,他在自己的研究领域已经成为了一位赫赫有名的德国教授,而我很庆幸曾经和他一起在我的实验室共事过两年,见识到他卓越不凡的思维。以上的这一切都源于我在他的大学进行过三周的暑期访问。同样地,我还利用访问的机会招收过很多优秀的博士和博士后。

接触科学研究的新方法

学术访问,尤其是到国外的实验室,所获得的好处不只是显而易见和具体的。这些访问可以帮助事业刚起步的科学家丰富自我，接触到新颖的工作方式。在有些文化习惯里，也许团队成员聚在一起喝一杯早茶或下午茶是惯例。也许有些实验室或国家有他们独特的方式或方法。在我的访问经历中，最棒的莫过于接触到一些从事相关工作但是具有完全不同研究背景和训练的人，例如，我是地球科学家，而他们是工程师、生态学家或地貌学家。商界早就深谙此道："最佳共事者为知你所不知之人。"

为交流和交际创造机会

尤其对于事业刚起步的科学家们来说，学术访问可以创造极佳的交际机会。甚至通过学术访问，你还可以与其他国家的国家科学项目建立联系，或者成为访问对象团队的合作者，从而为你争取新的研究经费。

帮助你思考

访问也可以为你提供一段安静的时光用于反思。我有一些奇思妙想就是在这种情况下产生的。当时，我身处异国他乡，观察或思考着一些水文学过程，并且有大把的时间可以用来深思和打磨我的想法。我相信旅行可以帮助开阔思路，而学术旅行则是治愈思维困顿的灵丹妙药。作为一个野外水文学家,看到家乡之外的风景曾经帮助我思考一些自然过程和模式,那是我闷在家里绝对想不明白的。不管你的科研领域是什么,类比推理都能应用到一个新的环境中。学术旅行的一个额外好处就是,你可以在走访的地方宣传你的新想法。如果足够幸运,你访问的实验室可能还会跟着你的想法走。就算你已经离开了客座实验室,那个课题组也会继续研究你的想法,衍生出几篇合作论文。

提高你团队成员的独立科研能力

对于你的课题组来说,你的缺席往往并不是一件坏事。它可以迫使你的研究生不得不依靠自己来解决问题,并且利用同事间的相互指导来提高生产力和团队精神。利用各种在线会议平台,我可以保持每周与博士和博士后成员的一对一对话。但不得不承认的是,我发现远程开组会变得很困难。

提高曝光度

在职业初期,访问你所在领域内的一些重要人物并且与他们建立切实的合作关系可以为你的发展带来诸多益处,例如,受邀加入他们主导的一个学术期刊的编辑委员会或国际大项目,或者有机会加入一些他们在撰写的合作文章。访问这些人以及带来的收益会让你及你的工作更容易被同行关注,这种效果是发表文章和作会议报告很少能带来的。访问过程中,你可以通过一起共进晚餐、周末郊游或者其他类似的方式,让学术巨擘认识你这个人。我大部分的重要且长远的合作都是拜这些相互来访所赐,而通过这些访问建立的友谊促进了合作过程中持续的共同利益。

按照我之前的学术访问经验来看,短短几天的效果是不错的,几周的话会更好,一个月或更久那就再好不过了。但是,对于我们来说,并不是每年都能奢侈地出去访问一段时间。在这种情况下,把学术旅行放在未来计划的优先位置,并且一直寻找出去访学的机会,是让好事成真的一个窍门。学术访问是需要积极谋划的。一个简单的方式就是,利用暑假或长假期出差参加会议的时间顺带进行一段学术访问。

得到经费支持的学术访问比你想象的要容易得多。很多国家都有地区的和国家的项目来支持学术访问。以前,美国国家科学基金会的国际项目的申请成功率非常高,尤其是针对某些国家的学术访问活动。

随着科学界对旅行带来的二氧化碳排放的日益关注,我积极推广学术访问的热情有些许回落。我真实地认识到"飞耻"

(Flygskam)*,即瑞典语的"飞行耻辱"和飞行带来的二氧化碳排放效应。如果可以选择坐火车,我肯定会那样做。另外,我尽量避免短途飞行,因为飞机起飞和降落是碳排放的罪魁祸首。我还尽量效仿一位来自德州理工大学的气候学家Katharine Hayhoe。她解决这个问题的方式是"收集邀请人信息,细心梳理,尽量推荐当地的科学家或要求视频会议(90%的会议时间)"。◆当她不得不旅行时,她尽量在同一个地方安排尽可能多的报告。当然,航空公司在业务内外也推出了各种碳抵消计划。在居家方面,我每天骑车上下班。即便是-30 ℃的天气,我也会换上雪地胎,照骑不误。也许这些坏天气就是对我旅行造成的碳排放的惩罚吧。

无论如何,我们都应减少旅行。但是,当非要出门旅行时,我们可以让目标更明确,提前制定好策略。实际上,乘坐火车就可以访问很多好实

★ 《福布斯》杂志独立专栏作家戴维·班尼斯(David Banis)发表的一篇名为《飞耻(或飞行耻辱)会成为今夏的流行语吗?》的文章,2019年4月26日刊。

◆ http://katharinehayhoe.com/wp2016/.

验室。根据我的经验来看,尤其是在学术生涯初期,学术访问的好处是不言而喻的。它有助于你拿到终身教职,因为国际化已然成为全球高校的发展呼声和宗旨。它也可以帮助你提升对于自己所在学院的感激之情。或者,倘若你感觉恰好相反,那么它也可以帮助你提供未来可以为之奋斗的其他地方的职位。

15 学术领导力

在培养第一批博士生和博士后时,我重点训练了他们的专业技能。如今时过境迁,自己也在职业中期经历过一些挫折(如第13篇文章所述),我意识到,除了培养一批技能过硬的科学家或者科研道路的追随者外,我更应该培养未来的领导者。

科学事业需要科学家具有领导力,从而能够为科学发展和以事实为依据的明智决策摇旗呐喊。因此,我们需要一批年轻

的领导者。

　　处于职业初期的科学家们往往将领导力想象得过于正式和高大上,例如,大学里的管理者或学会的负责人等。事实上,领导力往往刚开始体现在一些非正式的事情上。如果想培养职业初期的年轻人的领导力,我们需要像传授其他技能一样来专门教导和培养。然而,除非是工商管理硕士的培养方案,大部分的美国博士项目并没有提供领导力培训。

我与我的前任院长曾经一起探讨过这个话题,结果发现领导技能是需要慢慢培养的。对于年轻科技工作者,提供更多且丰富多样的机会,锻炼他们的领导力,有助于培养他们的自信心和在公众面前提出想法以及表明立场的能力。大学和科学学会在培养年轻领导者方面往往做得不尽如人意,而且并没有发挥科学界的集体力量来重视领导力的培养。这些现状都需要改变。我们两人之所以能在事业初期就得到领导力的锻炼,要归功于一些比较资深的同事。他们观察到了我们乐于表达自己的观点且积极服务集体,然后对我们进行了有益的引导。但是,这种对年轻领导者的有意培养往往只是个例。在我们俩担任院长以及大型学会的主席时,我们曾试图通过以下几种方式培养年轻领导者:

- 挑选年轻同事来参加演讲活动,或者代表学院或学校加入委员会。通过这些活动,他们除了能学习到与自己的科研相关或者感兴趣的知识外,还可以学习到如何站在集体的角度来发表看法。
- 吸收博士生和博士后加入学会委员会之中,使他们充分了解学会的运作模式。
- 鼓励新晋的教职工加入学院一级或者其他委员会,以便他们掌握招聘、绩效和终身职位评审等方面的知识。
- 将锻炼领导力的活动展现为一个发展自己的机会,而不是都不愿意做的服务。

- 充分采纳年轻科研工作者的意见,鼓励他们在学院里或者学会的会议上建言献策。
- 吸收年轻学者加入学会奖项的评审委员会,向他们展示学术优秀的衡量标准以及奖励的方式,帮助他们形成自己的见解。
- 鼓励博士后参与教职工大会,让他们了解学校管理是如何运行的,决策是如何制定的,以及有哪些限制执行力的因素。

年长的教职工工作繁忙,往往会忽略年轻学者的潜力。这样的思维模式限制了我们发现并塑造年轻领导者的能力。领导力的培养能够帮助年轻学者更自信地发挥作用,例如,将政府科学顾问没说清楚的顾虑解释给大众媒体,在专业学会中号召大家坚守原则性的立场,主持重要委员会和工作组来彰显科学的价值,诠释循证决策的价值观和假新闻的危害性,等等。这些活动既能培养科学家成为合格的领导者,也能彰显领导者的科学决策水平。

较为资深的教职员工可以指导年轻的同事,帮助他们意识到领导力的培养是从日常小事、琐事开始的。作为学术界的一员,我们应该倡导所有形式的学术价值,因此,我们需要更善于表达、更具有说服力以及影响力,即领导力。培养下一代的领导者对于实现这一目标至关重要。

学术生涯就像是吃馅饼比赛，一等奖是更多的馅饼。

——佚名

16 可持续的科研生涯

我在大学任教的开始几年过得很艰苦。这倒不是因为存在问题,而恰恰是存在太多的机会。我当时并不知道多少是足够的,所以就单纯地揽越来越多的任务。结果就是,我无论在家里还是在工作岗位上,都没办法集中注意力,有太多的事情要做,有太多的人要取悦。在那时,我一直背负着愧疚感,为没能有足够的时间陪伴家人,为没有花费足够的精力指导学生,还为没能有时间接受一份审稿或者评审邀请。这种生活状态是不可持续的。直到获得终身教职之后,我又花了很多年,才貌似回到一种较为平衡的生活状态。

如今,当我指导一些年轻的科学家时,我会提醒他们不要陷入我曾经经历过的不可持续的生活陷阱。我试着向他们灌输一种理念,那就是科研生涯的目的是脸上带着笑意跨过职业的某个阶段,无论是博士后、终身教职抑或者其他的目标,而不是身心趋近于崩溃。

然而你如何才能做到这一点呢?一个拥有可持续发展生活的教授依然是一个工作上进的教授。要想使你的生活状态变得可持续,一个很重要的步骤就是努力工作,加上高度的注意力以及严谨苛刻的时间管理。而比这些更重要的是,学会管理机遇。

早些年,我一直担心每一个面临的机遇可能未来都不会再遇到了,无论是受邀作一个学术报告,还是加入一个项目的评审委员会,抑或是加入一个科学学会的委员会。我当时只感觉我不能说"不"。现在,我明白了,职业初期的各种机遇像是人的白头发,是不会停止出现的,而且有的时候,你得学会拒绝新的任务才能完成那些你已经承诺过的事情。

当你开始学习拒绝时,一个很有用的窍门是区分"想做"和"需要做"。答应那些你既需要做又想做的事情,拒绝那些你可以不做或者不想做的事情。

同样地,发展一套自己的工作理念可以帮你合理分配你最珍贵的资源:时间。对于新手来说,"专注解决重要问题"是一句很好的格言。除此之外,你的研究日程也会帮你设置工作强度的边界。也许你只是对一些交叉研究感兴趣,或者是那些能够平衡研究的基础性和应用性的项目,或者是某个很窄的领域的纯研究工作。你也可以像我尝试做的一样,把有没有意思作为是否发展新项目或者合作的标准。无论你心中如何看待不同项目的优先级,在科研生涯早期想清楚这些类型的问题可以帮助你了解何时答应或礼貌性地拒绝。

归根结底,自我反省是实现科研生活的可持续发展的关键。要学会识别身心超负荷运转的警告信号。如果你状态不好,观心自省是回归正轨的必要步骤。我多希望早些年就开始每天去健身房出身汗,重置一下精神状态,在压力积累起来之前释放掉。但在科研生涯的早些年,我压根没办法想象到自己会沉溺于如此奢侈的休闲活动中,不过学会在忙碌中偶尔按下暂停键,身心的收益是相当客观的。

即使能够拥有可持续的生活状态,你也总会那么几天或者几周忙得焦头烂额。但是在生活中的大部分时间里,你会感觉掌控着生活的全部,并且满意于工作和生活的发展方向。你会注意到自己可以专注于重要的事情，不会被各种会议或者餐桌上的闲聊扰乱思路。你的睡眠质量也会很好。你会把每个周末都过成迷你假期，并且充分享受年假。更高品质的家庭生活可以改善你的工作状态，提升工作满意度和效率。然后，当机遇来临的时候，你也会清楚地知道是否去接受。

17 "奔六"的科学家

当我还是个初出茅庐的科学家时,60岁看起来遥遥无期。那时,我的生活充斥着各种任务,几乎没有时间反思。我比大多数的人都要幸运,可以说生活里充满了小确幸:托老天的福,有个健康的身体,还有两个已经长大成人而且生活开心、事业成功的孩子,以及我本人还算成功的事业。到了现在这个年纪和阶段,我已经别无他求,正如我的一位亲密的同事说的,所有

的未来都是净赚或红利时间。

对于你们这样的博士生或博士后读者,我应该建议做一些什么样的长远规划呢?

也许我应该说明这是一场马拉松式的长跑,尽管中间阶段时常会穿插一些百米冲刺一样的紧急时刻或一代代的接力,但这个过程归根到底就是一场长跑。因此,你应该现在就做好和同一批人并肩持久拼搏的准备。所以,对这些同行者以礼相待、以诚相见是至关重要的。

这一路上,你还会拥有一队支持你进步的学生。一定要善待他们并且感激他们的付出。同时,你还要让他们提前了解到科研生涯是一场长期的苦行,但是,尽全力完成这趟苦行后的满足感是无与伦比的。

这一篇可不是讲学术生涯终点的,我还有一大段距离要跑呢!

谈及我的职业初期经历,我的博士生和博士后都觉得很难想象。也许我就是见证了时代变迁的"活化石"。我是互联网时代到来之前的最后一批博士。电子邮件、移动电话这些都是在我担任助理教授的那几年才开始出现的。想当年,在我的领域里,每个招聘广告只能吸引十几个人来应聘。如果你能顺利获得博士学位,那么得到一个教职基本上是板上钉钉的事。很少有人去做博士后研究。专业学会规模很小,主要由一些志愿者来管理。学术会议规模也很小,每个专题往往覆盖面很广,参与人的学术背景多种多样。那时候,大学图书馆里储藏着学术期刊的纸质版,但种类有限。当时的学者往往阅读比较多的文章,但是发表较少。

现在,科学在急速发展,博士毕业生数量与助理教授职位数之比逐年攀升。每个教职的申请人数往往都突破了100人次。全世界都呈现博士后供过于求的现象。在加拿大,最近的统计数据显示,*安大略省大学的博士毕业生中有1/3可以在全世界找到助理教授职位,其中的1/2是在加拿大境内工作。再也没有板上钉钉的好事了!科研项目的资助率也在下降。我上一次申请的美国国家自然科学基金项目,一共收到了130份申请,其中只有3份获得了资助。像我所在的专业学会——美国地球物理学会,每年组织的年会都会有超过25000位参与人,并且学会已经完全公司化,有超过100位雇员。与此同时,涵盖面很窄的会议专题也成为了主流。

★ CHIOSE S. More PhDs finding jobs as tenure-track professors, study says[J]. Toronto Star, 2016(1). 这篇来自《大西洋月刊》的文章(https://www.theatlantic.com/business/archive/2013/02/how-many-phds-actually-get-to-become-college-professors/273434/)尽管发表年代有些久远了,看起来总体上支持了安大略省的分析数据,但该文章也表明了不同专业和不同国家的差异。事实上,据我所看到的英国统计数据,的确表明在英国拿到一个教职的概率低得令人难以置信,有一些分析显示还不到5%。在中国则恰好相反,近期我和几所大学的校长聊过,他们说,至少在环境科学领域,几乎所有的博士毕业生,只要愿意,都能在全中国2900所大学里谋到一个教职工作。就我的个人经验而言,从我这里毕业的约20名博士生,有一半都拿到了教职,成为了我的同行。剩下的人里有1/4选择一毕业就去从事顾问工作或公共事务研究,因为这本来就是他们从一开始就设定好的职业发展目标。另外还有1/4在申请教职失败之后,也进入了类似的行业。我有约30名博士后毕业生,其中3/4的人拿到了教职,1/4的人在政府研究机构工作,其中有1~2个从事顾问工作。所以,不管概率大小,关键是要知道,博士学位是获得教职的必要条件,而不是充分条件。我希望本书的某些文章能揭示其中的原委。

还有发表论文。一提到这个我就来气！人们阅读的文献越来越少，发表的却越来越多，仿佛中了本杰明·迪斯雷利(Benjamin Disraeli)的魔咒："每当我想读一篇文章的时候，我就自己写一篇！"★

★ https://en.wikipedia.org/wiki/Benjamin_Disraeli.

现在想想，这一切对当代年轻科学家来说，究竟意味着什么呢？

这些改变学术生涯的力量的确是巨大的。但这并不是一个60多岁的糟老头子在吐槽现代化。也许，我只是想追忆下网络时代前那种更友善、更温和的科学时代，那时候所有的科学研究都不急不躁。现在，也有人倡导"慢科学运动"，◆奉行早先时代的节奏。不过，可别误会，我非常享受当下的科学家生活。尽管竞争激烈，我仍然觉得每天都在进行一场发掘内心和专业领域的精彩发现之旅。

◆ http://slow-science.org/.

但是，对于现代的年轻科学家来说，最应该了解到的就是生活过得太快了。15年前，我曾经读过古罗马哲学家和政治家塞涅卡（Lucius Seneca）写的一篇有关道德的散文《论生命之短暂》。这本书超级精彩地讨论了"不要浪费时间"这一主题。他的观点是，"并不是我们没有时间，而是浪费了太多"。* 这本书最为重要的一条忠告也许是"不要浪费时间"。

我还想分享自己的另外一些观察和感悟。科研生涯是漫长的。一些短期的成果，无论是在《自然》上发表一篇文章，拿下一个大项目，抑或是在重要场合做一场报告，只会在你得到这些成果之后的短期内给你的人生带来一些好处。在这之后，你的生活还是会回到"科研到底为我的生活带来了什么？"这个疑问上。你需要提前明白这个道理，避免失望以及一些不切实际的期待。在第9篇文章中，我们讨论过科研目标太远以及太宽的坏处。年轻人需要保持专注，不要偏离发展主线，你会发现在生活

★ SENECA. On the shortness of life: Life is long if you know how to use it[M]. London: Penguin Books, 2005.（中文版：《论生命之短暂》，周殊平、胡晓哲译，中国对外翻译出版社，2010年。）

中有太多的事情驱使你偏离主线。

现今的科学家更像是一个科研经理。你需要尽量避免这种情况的发生。试着每天挤出1～2个小时的宝贵时间来思考和写下你的想法。这个习惯将有助于你在60岁时仍保持可持续的科研发展动力。当然,关键是要解决重大科学问题,并且选择你身边最优秀的学生和合作者共事。那些不重要、但是很有可能拿到项目资助的科学研究问题就像是零卡路里的食物,对你的成长意义不大。真正重要的是那些能够促进你的学术成长的问题。就像你会扶持你的学生以及学生的学生发展事业一样,他们也会支持你的发展,哪怕你已经选择了躺平。

回头看我的职业生涯,我意识到,刚开始,我对自己的未来抱了很低甚至没有期望。作为家庭中第一位进入大学读书的成员,我并没有任何的参考。我就好像是稀里糊涂地混进了某个俱乐部。在最开始的几年,我还有严重的冒名顶替症候群。因此,我对过往和现在的一切事情很满意。所以,你要明白:幸福度 = 现实 - 期望。★

最好是有一套自己的生活哲学。对于有些人来说,生活哲学来自于某个宗教信仰。而对另外一些人来说,生活哲学也许得益于年少时阅读的古典文学的熏陶。对于我来说,它来自于吉米·巴菲特(Jim Buffett)。如果

★ 载于《纽约时报》独立专栏作家蒂姆·埃雷拉(Tim Herrera),于2019年4月7日发表的文章:A deceptively simple way to find more happiness at work(《如何在工作中找到快乐》)。

说吉米·莫里森(Jim Morrison)是蜥蜴王(Lizard King),那么吉米·巴菲特就是哲学王(Philosopher King)。他的音乐是对罗伯特·路易斯·史蒂文森(Robert Louis Stevenson)所写的"错过快乐就失去了一切"的最佳体现。不信来听几首他的歌:*A Pirate Looks at Forty; Changes in Latitudes, and Changes in Attitudes; Trying to Reason with Hurricane Season; I Have Found Me a Home; One Particular Harbor*。当你听完这些歌后,我敢说你很难不被他的生活哲学所打动。

和很多科学家一样,我深深着迷于解释身边的自然界奥秘,尤其是,我从事的研究是水是如何在自然界循环的。当我决定退休的时候,我觉得它更像是一段永远的带薪休假。然而,我现在已经开始慢慢地将工作重心从科研转变到指导。尽管如此,我仍然希望未来能够发表更好的文章。这里想到了我熟悉的一副老漫画,上面的墓碑上写着"已发表,然而死了"。最重要的是,我非常感激剩下的这段赚到的时间。我希望在变老的道路上保持年轻的心态。谁知道我会不会成功呢,那你等我100岁了再来问我吧。

那些最重要的事情往往听起来不是最响亮的。

——鲍勃·霍克(Bob Hawke)

写在后面

在本书里,我试着强调一些在拿到终身职位之前、之中以及之后值得注意的一些关键问题。你会发现本书中并没有涉及任何有关引用情况、H指数等学术指标。这是因为,归根结底,这些指标会给年轻科学家带来不必要的干扰。在这方面,我的建议很简单,努力工作，做好的研究，成为一名好的科学家。对于很多科学家来说，现在科研界流行的诸多评价指标已经成为了一种电子水刑。应学会尽量忽略它们。

当然，我的这些反思和建议绝不可能做到面面俱到。更确切地说，我的目的是通过这本书传达一些科学生涯中不成文的规则。科学是一场既好玩又尽兴的游戏。

科研工作可以带来一些生活中的极大喜悦，例如，看着一个博士生从提交论文、答辩，到走向科研工作岗位，最终发展得风生水起。让我再好好回味下这种感觉。不过，科研工作也会带来一些生活中的极大压力，比如，你的同事怂恿你承担了一个巨大的项目，或者你刚刚拿到了一个项目但突然意识到后面有三年执行期的任务等着你。

你也要记住，生活不止科研。生活中有比工作更重要的东西。著名的心理学家、哈佛大学教授艾瑞克·埃里克森（Erik Erikson）曾经说过："最富有和充实的人努力在工作、生活和爱情之间寻求平衡……以获得人生的圆满和内心的宁静。"这才是应该追求的人生三重圆满。

这些年，我们听了不少有关平衡工作与生活的言论。我不确定这样的平衡是否在科研界是存在的，就像我们在第1篇文章里讲到的"一直在工作，但时间永远不够用"。迈克尔·波伦

★ POLLAN M. The omnivore's dilemma: A natural history of four meals[M]. New York: Penguin Press, 2006: 450.（中文版：《杂食者的两难：食物的自然史》，邓子衿译，中信出版社，2017年。）

◆ 源自《今日心理学》杂志的一篇文章，作者斯蒂芬·海斯（Steven Hayes），2018年9月12日发表。https://www.psychologytoday.com/us/articles/201809/10-signs-you-know-what-matters.

(Michael Pollan)在《杂食者的困境》★曾写道"吃东西，尽量吃素，不要吃太多"。也许，科研困境也可以像吃东西那样简单地解决：努力工作，别太拼命，多写论文。

我记得SAS@AcademicSay网页上曾经有过一篇很棒的推文写道："学术就像是吃馅饼大赛，第一名的奖励是更多的馅饼。"在学术生涯中，你应该保持自己的价值观，才能生存下来。这些价值观是你自己选定的，并且伴随着你在科研生涯中起起伏伏。很多心理学的文章都证实"价值观决定了你能到达什么样的高度"。◆你的价值观可以帮助你做好自己，不会被同行的竞争压垮。

最后，我想借用美国总统德怀特·艾森豪威尔(Dwight D. Eisenhower)的一句话："重要的事情往往不紧急，紧急的事情往往不重要。"这句话简单地捕捉到了学术生活的特点，琐事缠身。科学工作最好是能够带着耳罩来进行,就像我们在加拿大冬天会戴的一样。因为,耳罩可以帮助你屏蔽那些呼来唤去的噪声,过滤掉一些不重要的信息。这是带着长远目标的每日例行分检。人们很容易失去长远目标,而且很遗憾的是,这种事情在现今的科研界很普遍。我们像是流浪汉一样,从一个获得资助的项目漂荡到另一个项目,却忘记了什么是我们真正想做的。虽然有些人很享受这个过程,但它使你丧失了产生更深刻影响力的机会,阻碍你做出影响下一代人的重要成果。我希望本书中的几篇文章可以帮你学会如何抵消这些外力的影响。

致　　谢

我必须首先感谢我的家庭对我科研生涯的支持和参与。我的父亲约翰是一名警察,教会了我要认真工作。我的母亲戈尔迪是一位家庭主妇,也是一位"虎妈",教会了我要专注。我的父母是我的幸运源泉。我的父亲在英国的一间廉租屋中长大;我的母亲在安大略省的一个小农场长大。我还记得他们在我高中的最后一年,陪我去多伦多大学参加开放日活动。我们三个人四处溜达,就像刘姥姥进了大观园。

我的两个孩子约翰和梅根在美国大学城的一个知识分子家庭长大。他们的成长环境和我恰恰相反,大观园才是他们的家。他们两个是我最重要的学生。随着他们逐渐长大成人,我很庆幸能够陪伴左右。我要感谢我的夫人薇拉,她既是一位可爱、忠实的人生伴侣,又是我工作的坚定支持者,还为本书提供了编辑帮助。我的家人让我能够一心一意地"为我的悼词而活,而不是为我的简历而活"。★

我也必须感谢我的学生们,包括我的研究生、博士后以及我们实验室的访问学者。我敢肯定的是,我从他们身上学到的比他们从我这里学到的要多。最重要的是,我感激他们忍

★ 载于《纽约时报》独立专栏作家大卫·布鲁克斯(David Brooks)于2015年4月11日发表的文章:*The Moral Bucket List*(《道德遗愿清单》)。

受了我所有成功和不成功的指导。在刚开始工作的那几年,我真的是不懂得如何去指导他们。我希望我现在能够做得好一点了。现在,我仍然不断地从每个学生身上学习新的知识和经验。

感谢威立出版社的瑞图帕纳·博斯(Rituparna Bose),以及美国地球物理学会(AGU)的布鲁克斯·汉森(Brooks Hansen)和他的团队,感谢一直以来他们的热情支持。我要感谢劳伦特·普菲斯特(Laurent Pfister)以及卢森堡科学与技术研究所(LIST),感谢他们支持我在写这本书期间的学术休假。我还要感谢LIST的博士生和博士后们,他们为这本书的前几稿提供了宝贵的意见。尤其要感谢伍特·比尔哈什(Wouter Berghuijs)和尼古拉斯·罗德里格斯(Nicolas Rodriguez)对本书提出的宝贵意见,受益匪浅。

本书的第6~11以及16篇文章来自于我为《科学》杂志撰写的"工作生活"系列文章,收入本书时进行了重新编辑。感谢瑞秋·博恩斯坦(Rachel Bernstein)当初对这些章节的出色编辑。以上内容都得到了转载许可。第6篇文章的一部分内容源自我和美国西北大学地球与行星科学系的德林荣誉(Deering Professor)教授塞斯·斯坦(Seth Stein)以及非盈利性地球科学组织(UNAVCO)主席M.梅根·米勒(M. Meghan Miller)合写的一篇文章,该文章发表在 *Astronomy & Sctrophysics* 杂志上。第15篇文章部分改写自发表在 *Nature* 杂志"事业"专栏的一篇文章,是我和杜克大学尼古拉斯环境与地球科学学院的托迪·斯迪曼(Toddi Steelman)合作撰写的。感谢凯伦·卡普兰(Karen Kaplan)对这篇文章以及本书第12篇文章的杰出编辑。感谢上述出版社和上述文章的合作者们,允许我转载这些作品。

感谢邓·福布斯(Donn Forbes)向我传授如何写提案的秘诀。我由衷地感激他的友善和耐心。我也建议所有正在为申请大项目发愁的年轻科学家可以考虑邓的项目申请咨询服务(donnforbes.com)。感谢金·扬森(Kim Janzen)对本书所做的初审工作,感谢凯伦·卡普兰(Karen Kaplan)为全书终审所做的编辑工作。本书插图皆出自罗伯特·纽倍克(Robert Neubecker)之手。感谢他和他的经纪人周迪·海恩(Jodie Hein)为本书授权。感谢金·扬森(Kim Janzen)对本书终稿编辑工作的鼎力相助。

我想对超过1000名的博士生和博士后说声"谢谢"。他们曾经参加过我讲解本书的部分内容的一些暑期课程,从2008年在俄勒冈州立大学开始,到美国地球物理学会年会以及欧洲地球物理学会,以及后来在加拿大、美国、中国、澳大利亚、南美和欧洲的数十所大学。本书的部分内容就是源自于他们在暑期课堂上的提问和互动。谢谢你们,我的学生们,我将一如既往地向你们学习。

最后,我要致谢雪城大学的唐·希格尔(Don Siegel)教授,是他在20年前就启发我开始思考如何指导学生。我的很多早期想法其实就是来自于他,只是站在我的角度进行了重新包装而已。唐拥有神奇的力量,在潜移默化中教会了我如何指导学生。在过去的六年里,我与我的同事,环境与可持续发展学院的莫琳·里德(Maureen Reed)在我们所在的大学共同教授了这本书的部分内容。感谢她一直以来与我的的无私合作和有益讨论。

我本可以把这封信写的更短一些，可惜我没有足够的时间。

——布莱士·帕斯卡（Blaise Pascal）

注 释

第6~12篇文章、第15篇文章和第16篇文章均出自以下文章,均由其出版社授权：

MCDONNELL J J. Step up to leadership for mid-career growth[J]. Nature, 2019. doi:10.1038/d41586-019-01936-7.

MCDONNELL J J. The sustainable scientist[J]. Science,

2017, 357(6356): 1202. doi:10.1126/science.357.6356.1202.

MCDONNELL J J. Paper writing gone Hollywood[J]. Science, 2017, 355(6320): 102-102. doi:10.1126/science.355.6320.102.

MCDONNELL J J. Orchestrating a powerful group[J]. Science, 2016, 352(6283): 378. doi:10.1126/science.352.6283.378.

MCDONNELL J J. The 1-hour workday[J]. Science, 2016, 353(6300): 718. doi:10.1126/ science.353.6300.718.

MCDONNELL J J. Creating a research brand[J]. Science, 2015, 349(6249): 758. doi:10.1126/science.349.6249.758.

STEELMAN T, MCDONNELL J J. Look for the leaders[J]. Nature, 2017, 547: 483. doi:10.1038/nj7664-483a.

STEIN S, MCDONNELL J J, MILLER M. Discussing scientific ethics: what would you do?[J]. Astronomy and Geophysics, 2018, 59(4): 4-12. doi:10.1093/astrogeo/aty187.

扩 展 阅 读

  可供参阅的好资料实在太多了!你可以先读读由瑞秋·伯恩斯坦(Raichel Bernstein)主编的《科学》杂志"工作生活"专栏。每周一期,就当今世界如何进行科研生活分享个人见解。也推荐你读读由凯伦·凯普兰(Karen Kaplan)主编的《自然》杂志"职业"板块,涉及学术和研究生涯的方方面面。这些材料还涉及很多本书未能讨论的话题,例如性别、多元化与包容性、心理健康、歧视、骚扰等。

还有很多好书,列举如下,可供延展阅读。所有的都会对职业发展有帮助。在写作技能方面,兰迪·奥尔森(Randy Olson)的《科学需要讲故事》堪称经典。我读到这本书时刚写完《好莱坞模式的论文写作方法》。他在书中介绍了讲述故事的ABT方法(And、But、However),对学术上的电梯游说特别有效。要理解学术界是怎么运作的,首推唐纳德·肯尼迪(Donald Kennedy)的《学术责任》这本书,他是《科学》杂志的前任主编以及斯坦福大学的前任校长。这是一本讲述当代高校职业生涯的杰作。美国国家科学院的报告《怎样当一名科学家》非常值得一读。威廉·贝弗里奇(William Ian Beardmore Beveridge)于1950年出版的《科学研究的艺术》是当之无愧的永恒经典之作。如果你只想读一本书,当然除了我的书以外,就推荐贝弗里奇的这一本!最后别忘了,还有很多写得很好的科学家传记和自传。身为一名加拿大人,我偏爱大卫·铃木(David Suzuki)于1987年写的第一本自传《蜕变:生命的阶段》。在所有的科学家自传中,写得最好的也许是达尔文的自传。它比铃木自传的出版时间早了100年。达尔文对科学的类比推理和创造力来源有着深刻的洞见。用当今学生的流行语来说,他的热情和创新指数简直是"开了挂"。

以下是我本人精荐的阅读书目：

BELCHER W. Writing your journal article in 12 weeks: a guide to academic publishing success[M]. London, UK: SAGE. 2009: 351. ISBN: 141295701X, 9781412957014.

BEVERIDGE W I B. The art of scientific investigation[M]. New York, NY: W.W. Norton & Company, 1950.（中文版：《科学研究的艺术》，陈捷译，科学出版社，1979年。）

BOICE R. Advice for new faculty members: Nihil Nimus[M]. Upper Saddle River, NJ: Pearson, 2000: 336. ISBN: 0205281591, 9780205281596.（中文版：《给大学新教员的建议》，徐弢、李思凡译，北京大学出版社，2015年。）

CHAKRABARTY P. A guide to academia: getting into and surviving grad school, postdocs, and a research job[M]. Chichester, UK: Wiley-Blackwell, 2012: 192. ISBN: 9780470960417.

CRAUFURD D, DENEEF A. The academic's handbook[M]. Durham, NC: Duke University Press, 2006: 416. ISBN: 0822388200, 9780822388203.

FEIBELMAN P. A PhD is not enough!: a guide to survival in science[M]. New York, NY: Basic Books, 2011: 160. ISBN: 0465022227, 9780465022229.（中文版：《有了博士学位还不够：科海沉浮指南》，钱佑华译，复旦大学出版社，2006年。）

FISKE P S, LOUIE A. Put your science to work: the takecharge career guide for scientists[M]. Washington, DC: American Geophysical Union, 2001: 179. ISBN: 9780875902951.

GRAY P, DREW D. What they didn't teach you in graduate school: 299 helpful hints for success in your academic career[M]. 2th ed. Sterling, VA: Stylus Publishing, LLC, 2012: 227. ISBN: 1579226434, 9781579226435.

HAMMING R. You and your research[M]. 1986. 原为1986年3月7日在贝尔通讯研究所举办的专题研讨会上的演讲稿，由贝尔通讯研究所的J. F.凯泽整理发表。https://www.cs.virginia.edu/~robins/YouAndYourResearch.html.

KENNEDY D. Academic duty[M]. Cambridge, MA: Harvard University Press, 1999: 320. ISBN: 0674002229, 9780674002227. （中文版:《学术责任》,阎凤桥等译,新华出版社,2002年。）

LANG J. Life on the tenure track: Lessons from the first year[M]. Baltimore, MD: Johns Hopkins University Press, 2005: 186. ISBN: 0801881021, 9780801881022.

LEVECQUE K, ANSEEL F, De BEUCKELACR A, et al. Work organization and mental health problems in PhD students[J]. Research Policy, 2017: 46(4), 868-879. doi: 10.1016/j.respol.2017.02.008.

OLSON R. Houston, we have a narrative[M]. Chicago, IL: University of Chicago Press, 2015.（中文版:《科学需要讲故事》,

高爽译,重庆大学出版社,2018年。)

REIS R. Tomorrow's professor: preparing for academic careers in science and engineering[M]. Hoboken, NJ: Wiley, 2012: 440. ISBN: 9780780311367, 9780470546727.

SMAGLIK P. Know the odds[J]. Nature, 2017. http://blogs.nature.com/naturejobs/2017/12/20/know-the-odds/.

TOTH E. Ms. Mentor's new and ever more impeccable advice for women and men in academia[M]. Philadelphia, PA: University of Pennsylvania Press, 2008: 272. ISBN: 0812220390, 9780812220391.

Jefferey J. McDonnell 驰骋在学术海洋中（2019年）